我国转型期居民收入差距的变化及调节研究

徐 慧 著

中国财经出版传媒集团
经济科学出版社
Economic Science Press

图书在版编目（CIP）数据

我国转型期居民收入差距的变化及调节研究/徐慧著．
—北京：经济科学出版社，2018.8
ISBN 978-7-5141-8983-4

Ⅰ.①我…　Ⅱ.①徐…　Ⅲ.①居民收入-收入差距-研究-中国　Ⅳ.①F126.2

中国版本图书馆CIP数据核字（2018）第009588号

责任编辑：刘　莎
责任校对：刘　昕
责任印制：邱　天

我国转型期居民收入差距的变化及调节研究
徐　慧　著
经济科学出版社出版、发行　新华书店经销
社址：北京市海淀区阜成路甲28号　邮编：100142
总编部电话：010-88191217　发行部电话：010-88191522
网址：www.esp.com.cn
电子邮件：esp@esp.com.cn
天猫网店：经济科学出版社旗舰店
网址：http：//jjkxcbs.tmall.com
北京财经印刷厂印装
710×1000　16开　14.5印张　200000字
2018年8月第1版　2018年8月第1次印刷
ISBN 978-7-5141-8983-4　定价：49.00元
（图书出现印装问题，本社负责调换。电话：010-88191510）

前　　言

收入分配问题是经济学中一个古老和经久不衰的命题，无论是在理论界还是实践中都长期受到广泛关注。尤其是在历经经济体制转型的中国，随着经济的迅速发展，在收入分配领域出现的许多新矛盾和新问题尤为引人关注，这也是一个影响我国社会稳定和经济发展的重要领域。

20世纪90年代以来，针对社会主义市场经济条件下的收入分配问题的深入研究，已形成了关于收入分配的现状、差距而产生的原因、对策建议等丰富理论成果，涉及差距水平与体制转型有关及无关的影响因素、形成机制、政策调节等多个方面的分析。国家对我国收入分配领域存在的种种不合理之处，尤其是近年来居民收入差距对中国经济进一步健康发展的影响十分重视。显然，调节居民收入差距，政府责任重大，在由计划经济向市场经济转型进入深水区的关键时期，政府必须致力于解决现有的收入分配问题已形成的一系列矛盾，以创造经济发展的良好环境。

客观地说，在经济体制转型推进的过程中，通过多年来持续的努力，我国对居民收入差距的调节取得了积极的成效，地区、行业和城乡之间的居民收入差距先后扭转了扩大趋势，基尼系数也自2009年实现7年连续的下降。如何巩固现有成果并进一步取得更多的成绩，需要及时地进行经验总结。因此，跟踪研究居民收入差距问题在转型期的变化，对于我们建构与市场经济相适应的收入分配制度体系，实施更科学、合理的收入分配政策具有十分重要的现实意义。第一，系统研究转型期居民收入差距问题的变化轨迹，有助于揭示出现象背后的本质，使收入分配问题得到更全面、更深刻的认识，有利于不断改革和完善收入分配制度和政策，这也是对已有收入分配理论的重要补充与发展。第二，结合经济发展背景研究转型期收入差距形成的机制和原因，有利于我们对收入差距问题的产生进行有针对性的分析和制定有效的对策。第三，研究转型期居民收入差距的影响，包括其对消费的影响、对投资的影响、对经济运行的影响、对可持续发展的影响、对和谐社会的影响等，有利于全面把握收入差距的积极与消极作用，推进对调节收入差距的重要性的深入认识。第四，以各类居民收入差距现象为基础，结合同为转型背景的国家的收入差距进行了比较研究，有助于从理论和实践的角度深入分析我国居民收入差距产生的经济特征和规律。第五，对转型期收入差距进行持续的研究，总结转型期调节收入差距的对策及经验，为制定后续的调节政策提供参考具有重要的现实意义。2016 年我国基尼系数结束了 7 连降，如何保持居民收入差距总体下降趋势不变，更好地实现调节目标，在现阶段适时地总结经验，为进一步实施更有效的调节措施提供参考，是一个值得研究的问题，有助于我国在调节收入差距方面取得更多的成效。

随着我国经济发展进入新常态和基本矛盾出现新变化，缩小居民收入差距以实现更公平的收入分配的任务，面临着新的挑战。针对转型期的时代背景及中国特有的国情，并基于对转型以来中国居民收入差距发展情况的系统分析，拙著认为我国在调节差距时应坚持深化初次分配领域的改革和持续优化再分配政策，提高政策的精准度，注重各类政策的协同和配合，调节思路要从对收入差距的调节扩展到对财产差距的调节。在调节过程中，不仅要继续“提低”，同时也要加大“控高”的力度并重视实施“扩中”的政策，这样能更有效地实现对中国居民收入差距的调节，促进社会主义经济的健康、可持续发展。

目录

Contents

第一章

国民收入分配研究的相关理论

收入分配是经济学研究的一个古老命题，从古典经济学创始到现在，收入分配领域的研究持续发展，形成了丰富的理论成果。

第一节 国外收入分配研究的相关理论

古典经济学家曾把分配理论视为经济理论的核心部分，如李嘉图就认为政治经济学的研究主题应该是商品在参与生产过程的各阶级间的分配规律。新古典经济学家则继承了古典经济学家从生产要素角度研究分配规律的传统，发展了现在已经成为经济学教科书基本组成部分的生产要素分配理论。收入分配理论随时间的推移不断发展，在 20 世纪 50 年代，研究的重心转向个人收入分配理论，即从国民收入在工资、利润间的分配转向由基尼系数描述的个体之间收入分配的不平等，并重点研究这种不平等与经济增长间的关系。进入 20 世纪 70 年代，随着理性预期革命的兴起，理论界对收入分配的研究兴趣有所下降。但这种情况并没有持续太久，在 20 世纪 80 年代中后期随着新增长理论的崛起，收入分配的研究得到了复兴。

一、收入决定理论

（一）劳动价值论为基础的分配理论

英国古典经济学的创始人威廉·配第系统地论述了工资、地租以及货币与利息，此后，著名政治经济学家亚当·斯密、大卫·李嘉图都建立了系统的分配理论研究。亚当·斯密认为工资、利润和地租既为商品价值的三个组成部分，同时又构成社会三大阶级的基本收入。19 世纪初学术界纷纷加入围绕阶级利益进行的争论，学术界早已认识到社会产品的分配是一种遵循一定法则的自然过程，但理论界对地租、工资和利润的分割问题却始终没有给出令人满意的答案，因此，大卫·李嘉图认为“确立支配这种分配的法则，乃是政治经济学的主要问题”，在其后的研究中，他进一步发展了劳动价值论与分配领域的逻辑关系，指出工资与利润的对立运动，为分配问题作出了重大贡献。

社会主义经济学说诞生后，其著名代表人物卡尔·马克思再次提出劳动价值论，使其臻于完整和科学，马克思在《资本论》中提出了劳动二重性、社会必要劳动时间、价值、使用价值、劳动力商品、可变资本、不变资本、剩余价值等一系列重要的基本理论范畴，并以此为基础明确提出收入分配差距问题的根源在于阶级剥削，创立了阶级色彩鲜明的按劳分配学说。与上述理论相比，马克思的理论明显地突出了劳动的作用。它继承和发展了斯密、李嘉图等人承认人类财富主要来源于劳动的理论，既表明了劳动与物的共性，又表明了劳动与物的区别。这种学说虽然是以早期自由放任的资本主义为研究对象的，但同时也是对一种仅有单一市场交换机制的市场经济的科学抽象的分析。马克思创立的劳动价值论突出了劳动和劳动者的作用，揭示了资本主义自由放任的单一市场交换机制导致的按生产要素分配方式不利于生产力发展的方面。按照这种理论，在只存在市场交换一种协调机制的情况下，随着资本积累，创造财富的劳动者处在一种被剥削的地位，社会会出现两极分化，财富越来越集中于少数食利者之手，最终是要崩溃的。它表明，纯市场机制导致的按生产要素分配，需要有不同利益集团之间的平等协商和政府干预等其他机制作补充，发展生产力就要实现人的解放，要消灭剥削，要实现劳动者之间的利益共享。正是基于以上的分析，马克思提出了无产阶级的按劳分配的收入分配理论，也为结合现代实际建立适合我国先进生产力发展要求和最广大劳动人民根本利益的收入分配理论，奠定了最重要的理论基础。

（二）效用价值论为基础的分配理论

与大卫·李嘉图约同一时期，法国政治经济学家萨伊提出了与亚当·斯密、大卫·李嘉图截然不同的分配理论，萨伊的“三位一体”公式在收入归属问题上并无新意，但他以效用作为价值分配的基础，认为工资、利润与地租归结为劳动、资本与土地参加效用创造过程的报酬，并明确区分了纯粹利润与企业管理者的工资，称前者为利息，后者为工资，客观反映了资本收入的两种性质，这一观点很快为西方经济学家接受并沿用至今。

（三）边际生产力分配理论（1870 年～第一次世界大战）

边际生产力分配理论的基本观点是各种生产要素的报酬趋向与边际纯产品相一致。美国边际主义经济学家克拉克著《财富的分配》是其最成熟的理论著作，对分配问题其理论概括如下：在竞争均衡下，产品的价值决定于劳动、资本的边际生产力；工资、利息也各由边际生产力决定。

新古典经济学派的创始人马歇尔的分配理论主要是以供求理论作为基本分析工具，他认为各种生产要素的报酬，如工资、利息、地租和利润等，不仅是个别劳动、资本、土地和组织的报酬，还关系到整个国民收入的分配，因此在研究个别工业、企业或个人的局部均衡的同时，更应关注整个经济体系长期分配问题。此外，分配问题不能只考虑市场机制的作用，有时必须顾及伦理因素。

埃奇沃思认为分配是一个交换形式，此形式将产品在有贡献于其生产的当事人之间从事分配。他的分配理论在地租和工资方面主要接受马歇尔的观点，但较马歇尔更重视资本在改进已开垦的土地方面的作用；工资要同工人劳动所忍受的痛苦或负效用相平衡，强调工资要公正，可是对工会要求提高工资的斗争却持保留态度；其利润观点反对所谓的“零利润理论”，极其接近企业家的管理工资论；其与正统经济学存在不同之处，即不同意完全自由竞争会合理解决分配问题（指工资的分配）。

（四）两次世界大战间的分配理论

英国著名经济学家凯恩斯对后世经济学的发展影响颇大，但其本身对收入分配问题并不十分关注，不过凯恩斯代表著作《就业、利息与货币通论》第二十四章对贫富差距有一定论述，其要义是：贫富不均的状况不合理，富人的财富不是来自他们的节约，故政府有理由对此状况进行干预和调节；资本主义存在食利阶级，是一种过渡现象，将来终归会消灭的。可见他是主张通过政府干预解决收入分配的差距问题。

福利经济学代表人物帕累托收集了 19 世纪后半期许多国家关于收入分配的统计资料，经过指数整理后，发现这些国家的社会收入不平等情况是基本稳定的，由此他得出“帕累托定律”，即通过任何重新分配收入的方式，来实现收入分配均等的努力都是无效的。可以简单地认为在帕累托的观点上，收入差距是稳定且不受人为调和的。

盖莱茨基的国民收入分配理论以马克思再生产模式为基础，主要内容包括：第一，国民收入的扩展及其分配，完全取决于资本家把利润用于投资或消费的决策；第二，将有效需求理论纳入国民收入分析，并肯定其决定着国民收入及其分配；第三，他的收入分配的分析，不以自由竞争为前提，而以生产者能自己决定价格的垄断竞争理论为前提，这就把垄断竞争理论纳入其分配理论之中。

（五）现代收入分配理论（第二次世界大战后）

新剑桥学派抛弃边际生产力分配理论，在凯恩斯收入研究的基础上，将经济增长与收入分配相结合，着重考查工资和利润在国民收入中相对份额的变化，亦即研究国民收入在社会各阶层间的分配。该学派从有效需求理论出发，得出资本主义经济的成长将更有利于利润收入者集团，而不利于工资收入者集团的结论，并主张如果要消除此弊病，必须从改变它的收入分配制度入手。新剑桥学派在近代正统经济学派中能把纠正收入分配之不均作为其主要观点之一，是非常难能可贵的。

琼·罗宾逊在她的经济成长的论著中对新剑桥学派突出的理论之一——“收入－分配”理论作了充分的表述，她认为，利润在国民收入分配过程中起着决定性作用，投资率高，经济增长率也高，而经济增长率高，则必然导致国民收入的分配有利于资本家而不利于工人。故资本主义经济的自由增长，必然会扩大工资和利润分配比例的差距，使工资在国民收入中的比重越来越下降。要改变这种不合理的分配状况，必须通过国家干预来实现较公平的分配。

卡多尔的基本分配观点是，资产阶级的投资对国民收入中的利润份额起着决定作用，并日益有利于资产阶级。因此，如要改革这种不合理的收入分配状况，只有通过政府的调节才可能做到。

美国著名经济学家、统计学家库兹涅兹关于国民收入的研究建立在对发达国家统计资料分析的基础上，在过去半个世纪中，他认为政府部门日益积极地参与经济活动和收入再分配，并把发达国家（以美国为例）高收入阶层的收入在国民收入中所占份额的下降和各阶层收入差距的不断缩小，称为“收入革命”。这一变化是由现代经济增长和结构变化造成的，且只是发生在发达国家，而不发达国家的收入分配状况，不仅要比发达国家不平等，而且这种不平等仍有加剧趋势。库兹涅茨在

1955 年发表的《经济发展与收入不平等》的论文中，提出了收入差距的“倒 U 假说”。他根据经济增长早期阶段的普鲁士（1854～1875 年），处于经济发展后期阶段的美国、英国和德国萨克森地区（1880～1950 年）收入差距的统计资料，提出“收入分配不平等的长期趋势可以假设为：在前工业文明向工业文明过渡的经济增长早期阶段迅速扩大，尔后是短暂稳定，然后在增长的后期逐渐缩小”。在库兹涅茨看来，发展中国家向发达国家过渡的长期过程中，居民收入分配的差距“先恶化，后改善”的趋势是不可避免的。但对于发展中国家来说，在分析这一关系的同时，重要的是应该认识到，即使“倒 U”关系的确存在，也必须着重深入研究同收入水平相联系的、更直接地制约“倒 U”曲线的其他因素，避免进入认为只要经济发展到一定程度，收入差别就会自然下降的误区。

爱尔玛·阿德尔曼的结构主义收入分配理论，在西方发展经济学界产生了广泛的影响。这里仅将阿德尔曼的收入分配理论对当代发展经济学所做的理论贡献归纳为如下三个方面。第一，指出收入分配是社会经济结构中一个深层次的问题，有两大类因素对它起决定作用：第一类因素涉及经济的基本方面，如生产函数、资源禀赋、需求模式等，对第一轮收入分配起决定性作用；第二类因素对第一轮收入分配施加影响，如制度等。分析收入分配问题，必须对制度安排作一个精确的描述。她认为，制度刚性和对市场调节的不完善显然会极大地影响收入分配，新古典主义式的一般均衡模型在发展中国家并不完全适用，并提出了经济结构，而不是经济增长的水平或速率，才是收入分配模式的基本决定因素的观点。第二，把经济发展的目标界定为“消除贫困化”。与新古典主义者甚至与许多结构主义者不同的是，阿德尔曼是在既定收入分配不均等条件下讨论“消除贫困化”的问题，这就使得结构主义收入分配理论被分解为两个层面，一个层面分析收入分配在整体上的不均等，另一个层面探讨如何改善最贫困阶层的境况。阿德尔曼认为，消除贫困应分阶段实现，这个过程需要“均等化增长”的助力，也需要一个动态的制度变迁过程。第三，提出了结构主义思路的收入分配政策。她认为，促进经济增长的政策和改进收入分配的政策不能混同，更不能混淆“增长”和“分配”这两个目标之间的差别。同时，结构主义的政策在操作上需要多项政策协同使用，否则任何政策都难以真正产生效力。总的来说，结构主义收入分配政策的实行必须有一个前提条件，即实行激进的结构性改革，包括促进工会的发展和为社会福利立法，减少导致社会不稳定和内部冲突的因素，提高社会成员参与政治的积极性，以降低发展中国家的经济福利和政治权力的分配变得更加不平等的风险。

二、收入差距测度理论

（一）洛伦兹曲线

洛伦兹曲线是由美国统计学家洛伦兹在 1907 年提出的，研究国民收入在国民之间分配，测度收入分配不平等的理论。洛伦兹将人口累计百分比和收入累计百分比的对应关系描绘在图形上，即得到洛伦兹曲线，该曲线表示一国按人口数量累计的百分比与该百分比所占有的国民收入比重之间的关系，洛伦兹曲线的弯曲程度则反映了收入分配的不平等程度，弯曲程度越大，收入分配程度越不平等。

（二）基尼系数

基尼系数是在洛伦兹曲线的基础上计算得出的一个反映收入不平等程度的系数，洛伦兹曲线与 45 度线之间的部分叫不平等面积，45 度线以下的部分为完全不平等面积，基尼系数等于不平等面积与完全不平等面积之比，该系数越大，表明收入分配越不平等。基尼系数是一个 0 至 1 之间的数值，0 表示绝对平等，即每个人的收入都相等，没有收入差距。1 表示绝对的不平等，即收入完全归一人所有，其他所有人都完全没有收入。当然，事实上，世界上没有任何一个国家会处于这两种极端的状态，因此，某一国收入差距的基尼系数总是一个大于 0 而小于 1 的数值，该数值越接近于 1 则收入差距越大，该数值越接近于 0 则收入差距越小。根据各国多年测量基尼系数的经验，当基尼系数居于 0.3 至 0.4 之间时，属于中等不平等程度。

（三）恩格尔系数

恩格尔系数是指一个社会中家庭用于食品消费的支出占家庭消费总支出的比重。恩格尔系数不能直观地反映一个国家或一个地区内部的贫富差距，但是可以反映国家、地区或家庭等的贫富程度，从而可以比较他们之间的贫富差距，成为收入差距测度的可参考指数。

（四）库兹涅茨指数

库兹涅茨指数是用一个社会分配体系中最富有的 20% 的人口所占有的收入份额来表示社会的贫富差距。这一指数的最低值不可能小于 0.2，指数越高，收入分配差别越大。

（五）阿鲁瓦利亚指数

阿鲁瓦利亚指数是用一个社会分配体系中 40% 最贫困的人口所占有的收入份额来表示社会的贫富差距。这一指数的最高值不可能大于 0.4，指数越低，收入分配差别越大。

（六）收入不良指数

收入不良指数以收入水平最高的 20% 的家户或人口平均收入水平（即收入份额）与最低的 20% 的平均收入水平之比。该指数的最低值为 1，指数越高，收入分配差别越大。该指数便于具体考察不同收入层次的群体之间的贫富差距，但在反映社会收入分配差别的总体变动趋势方面则略显不足。在使用该指数分析一定社会的收入分配差别时，具体有两种划分收入层次的方法——“五分法”和“十分法”。

（七）极化指数

极化指数是由沃尔夫森为了测度他所提出的两极分化现象，提出的一个指数概念。沃尔夫森认为，两极分化，不是收入水平在两极之间差距极度拉大，而是总人口中穷人部分和富人部分都在越来越多。中等收入阶层的人数却在减少（他假设这一部分人会最终完全消失）。也就是说社会最后只剩下“有钱人”和“穷人”这两个有和一无所有的部分。为了测度他所说的两极分化现象，他提出了一个处于0（没有分化）和1（完全分化）之间“极化指数”。计算方法为：

$$W = 2(ц^{*} - цl)/M$$

其中：$ц^{*}$为修正了的平均收入（平均收入×1－基尼系数）；цl为最贫困的1/2人口的平均收入；M为中位收入。

（八）泰尔熵标准或者泰尔指数

作为衡量个人之间或者地区间收入差距（或者称不平等度）的指标，这一指数经常被使用。泰尔熵标准是由泰尔在1967年利用信息理论中的熵概念来计算收入不平等而得名。用泰尔熵指数来衡量不平等的一个最大优点是，它可以衡量组内差距和组间差距对总差距的贡献。泰尔熵指数和基尼系数之间具有一定的互补性。基尼系数对中等收入水平的变化特别敏感。泰尔熵T指数对上层收入水平的变化的反应很明显，而泰尔熵L和V指数对底层收入水平的变化敏感。

（九）阿特金森指数

阿特金森指数是由阿特金森提出的衡量劳动力流动与地区收入差距的指标。阿特金森指数是测度收入分配不公平指数中明显带有社会福利规范看法的一个指数。该指数首先计算出一个等价敏感平均收入ye（equity—sensitive average income）。阿特金森指数可以表示为：

$$I = 1 - ye/ц$$

其中：ц为平均收入。

从该指数可以看出：社会收入分配越公平，则ye越接近ц，阿特金森指数值也就越小。对于任何收入分布而言，阿特金森指数值的取值范围为在0和1之间，其中0代表社会达到了收入的完全公平分配。

（十）财富集中度

财富集中度是一种财产差距的测度方法，主要集中在对“财产集中度”的统计和分析方面，主要包括两种统计分析角度：第一，在某一国家（或关税地区）内，一定比例或一定数量的人口，所拥有的社会财产总额的百分比，比例越低的人口拥有越高比例的财产，财产差距的程度就越高；第二，在某一国家（或关税地区）内，拥有一定数量的财产的人口，占所有的社会成员的百分比，拥有较低财产数额的人口，占总人口的比例越高，必然意味着拥有较高财产数额的人口，占总人口的比例越低，从而该社会的财产差距的程度就会越高。相较而言，第一种方法反映的社会财产差距要更为典型一些，反映出的问题更具有综合性。

第二节　国内转型期收入分配研究的相关理论

转型前，我国的收入分配是在马克思按劳分配理论的指导下进行的。随着改革开放的不断深化，我党对马克思主义的收入分配理论进行了创新和发展，实现了一次又一次的理论突破，逐步形成了具有中国特色的、符合我国现阶段实际的收入分配理论。改革开放以来，我国个人收入分配方式所进行的重大调整是沿着一条基本线索发展的，这条基本线索是在社会主义初级阶段理论和社会主义市场经济理论两大理论背景下，在强调坚持按劳分配为主体的前提下，逐步认可和引入其他分配方式，使分配方式逐步适应我国社会主义初级阶段的基本制度和发展社会主义市场经济的要求。

一、转型期中国收入分配理论的研究探索

（一）中国收入分配理论发展的三次回归

中国收入分配理论的发展出现了三次回归现象。第一次是1978～1987年，针对“十年动乱”中否定按劳分配和利益激励的问题，在“拨乱反正”的基础上，重新确立了社会主义按劳分配原则，在个人劳动收入分配方面引入和体现利益机制。这是从企图超越社会经济发展阶段实行“共产主义”的分配原则向社会主义分配原则的回归。第二次是从1987～1992年，开始探索比较符合社会主义初级阶段生产力发展水平和所有制关系的分配方式。1987年中共十三大提出了我国目前正处于“社会主义初级阶段”的重要论断，明确指出在社会主义初级阶段要“在以公有制为主体的前提下继续发展多种所有制经济”，在收入分配方面则相应地要“以按劳分配为主体，其他分配方式为补充”，其中包括各种合法的非劳动收入。这是在中央重要文件中第一次明确提出非劳动收入也可以参加分配，是我国个人收入分配方式改革的一次重大突破。这实际上是从社会主义一般的分配方式开始向社会主义初级阶段的分配方式的回归。第三次是1993年以来，进一步探索社会主义市场经济的分配方式。1993年11月党的十四届三中全会通过的《中共中央关于建立社会主义市场经济体制若干问题的决定》指出，“个人收入分配要坚持以按劳分配为主体、多种分配方式并存的制度”，“国家依法保护法人和居民的一切合法收入和财产，鼓励城乡居民储蓄和投资，允许属于个人的资本等生产要素参与收益分配”。1997年9月中共十五大进一步指出，“坚持按劳分配为主体、多种分配方式并存的制度，把按劳分配和按要素分配结合起来”。2000年10月，《中共中央关于制定国民经济和社会发展第十个五年计划的建议》又指出要“深化收入分

配制度改革，……鼓励资本、技术等生产要素参与收益分配”，“在新的历史条件下，要深化对劳动和劳动价值论理论的认识”，引导人们推进社会主义市场经济收入分配的理论创新和制度创新。确认在社会主义市场经济中按要素分配的必要性和合理性，以及非资本要素可以“人力资本”的形式参与分配，这实际上是从传统的社会分配方式向社会主义市场经济分配方式的回归。

（二）转型期中国居民收入两极分化情况的判断

由于转型期的特殊背景，居民收入差距表现出复杂的特性，对居民收入差距各种性质的定位遇到了前所未有的困难，尤其是对现阶段出现的居民收入分配是否发生了两极分化的判断，存在各种不同的观点。

1. 两极分化否定论

对收入分配现状的总体判断，目前存在很多不同的观点和看法。一部分学者对收入分配现状的价值判断是：我国居民收入差距不断扩大，但并未出现明显的两极分化，尚处于可承受范围内。

（1）两极分化否定论的观点

两极分化否定论的观点认为，中国目前的居民收入差距虽明显扩大，但这种差距产生的原因并非是由于制度性障碍，而主要是由我国当前社会生产力水平以及个人能力发展不平衡所导致的结果，也并非两极分化。我国是社会主义国家，社会主义的本质是要消灭剥削，消除两极分化，社会主义制度的目标是不断缩小收入差距，实现共同富裕，但不是消除收入差距。我国实行的是社会主义按劳分配的原则，承认劳动者能力的差别，承认多劳多得、少劳少得，以及由劳动质量差别所造成的收入差别。尤其在社会主义初级阶段，收入上的差距也是不可能消除的。因此，必须严格地分清收入差距与两极分化的界限。真正意义上的两极分化是指社会上极少数人大量占有生产资料，进而无偿占有他人创造的剩余价值而实现富裕；广大劳动者失去了生产资料，只有靠出卖自己的劳动力才能维持生活，由此陷入贫困，即造成这种贫富极度悬殊的两极分化的根源是剥削制度。因此，在社会主义社会中，虽然仍存在着收入分配结果的不平等，但这种居民收入差距并不是两极分化。

持两极分化否定论观点的这部分学者还认为，撇开公有制对收入分配性质的决定作用不谈，仅就收入分配差别的程度而言，参照国际惯例，基尼系数至少要达到0.5以上的水平才能定性为两极分化，而我国的基尼系数并没有达到这个水平。持该观点的学术界人士还通过各种方法来验证它，例如赵人伟、李实等人通过引入两极分化的绝对标准和相对标准来加以验证。他们在《中国居民收入分配再研究》（1999）一书集中研究中国居民的正常收入的分配差别现状与趋势，通过对1986～1995年各年的城镇居民抽样调查的分组数据进行计算，他们得出结论，认为中国进入20世纪90年代以后在正常收入范围内没有发生两极分化现象。他们认为任何事物的发展，平衡都是有条件的、相对的，不平衡则是无条件的、绝对的，主张“两极分化”论点的学者大多数是将“两极分化”混同于收入差别扩大，且提出，两极分化是以收入的巨大差距为前提，因此，收入的一般差距不等于两极分化。不过，我国近几年出现的持“两极分化”观点的学者在论据上主要是涉及“各种非法、非正常收入的发生和蔓延”，而《中国居民收入分配再研究》一书由于没有同时研究非法及非正常收入的发生额，分布差别及其对总的居民收入差别的影响程度，故仍不能说服那些认为我国目前已经发生两极分化的学者。

从社会心理角度，国家计委宏观经济研究院“中国城镇居民收入差距适度性分析”课题组（2003）研究了公众对收入分配差距的主观承受力。该课题组通过对城市居民的问卷调查，设计了部分主观承受力的指标，从社会心理学的角度来划分，主观承受力至少包括理解能力、应激能力、耐压能力、平衡能力等要素。课题选择易量化的指标作为代表，并设定权数作出测度分析。经过对所调查城市居民家庭各收入分组的四项指标的测度，可以看到在理解力、应激力、耐压力、平衡力四个方面，低收入组分值均低于高收入组。该课题对经济增长和社会稳定影响的综合分析认为，城镇居民收入差距扩大对经济增长的影响更多地体现为激励和促进的作用，而对社会稳定和公众心态的影响则表现为普遍的不公平感，但仍在主观承受能力范围之内。张晓芳（2017）提出，我国居民收入的极化问题还有待进一步讨论，在分析期内居民收入的两极分化呈现先增长后降低的趋势，与其他国家相比，收入极化程度相对基尼系数更平稳。①

（2）两极分化否定论的观点分歧

从具体观点来看，持两极分化否定论的学者内部对于收入分配差距程度的评价并未统一，也存在差异。

观点一：收入差距“适当论”。该观点认为我国居民收入分配差别总体状况大致是适当的。陈宗胜对20世纪90年代的中国居民总体收入分配差别进行研究后认为，到20世纪末，中国收入差别程度“与同样发展水平的公有经济国家和私有经济在收入概念可比范围内的收入分配差别大体一致。”他们认为当时中国收入差距水平尚在“适当”水平内，其原因可归纳为五个方面：第一，基尼系数没有超过0.5的两极分化水平；第二，高、低收入层间的收入差距应被视为打破了传统平均主义的局限；第三，尽管收入差别已扩大，但包括贫困阶层在内的中国所有阶层的绝对收入水平却提高了；第四，参照经济增长速度和经济效率的提高来看，这种收入分配差别是适当的；第五，我国社会总体状况比较安定，没出现大的社会动荡。这说明目前社会对这种差别是认可的。这些判断标准大部分至今并未发生改变。

观点二：收入差距“失当论”。该观点认为自改革开放以来，中国居民收入分配的不均等已经达到相当高的程度，居民收入差距应该引起高度重视。持这种观点的学者较多，他们有的从静态的横向比较角度，

---

① 张晓芳：《我国居民收入两极分化的特征及影响分析——基于EGR指数的研究》，载《云南财经大学学报》，2017年第5期，第83页。

把收入分配差距的失当表述为“过高”；有的从动态的纵向比较角度，把收入分配差距的失当表述为“恶化”。有学者对收入差距进行了国际比较，指出中国基尼系数低于非洲和南美一些国家，但高于亚洲的一些国家，更高于欧洲发达国家的普遍水平，但这种国际比较分析的方法本身却受到批评。另有学者从基尼系数的角度分析，1990 年～21 世纪初，分配状况都在恶化。持该观点的人认为，据测定，我国的基尼系数 20 世纪 90 年代至 2008 年一直在增长，虽后续实现连降，但一直都维持在 0.4 以上，表明居民收入差距已经“失当”。不过持该观点的学者中也有人同时指出，虽然已经“失当”，但仅仅基于该数据，尚不能得出我国已经出现“两极分化”的结论。

2. 两极分化论

关于收入差距程度的另一种不同观点，则是居民收入的两极分化正开始在我国形成。

（1）两极分化趋势论

有观点认为就全国收入分配的整体状况而言，改革以后居民收入差距基本上表现为一种不断扩大的趋势。从差距程度上看，全国居民的收入差距主要取决于城镇内部、农村内部和城乡之间的收入差距。[①] 21 世纪初的数据显示低收入人口实际收入的增长幅度出现了下降的势头，如此发展下去，两极分化的问题会随时可能出现。世界银行 2006 年 12 月 1 日在北京发布的《贫困评估报告》初步研究结果显示，2001～2003 年，中国 10% 的贫困人口实际收入下降 2.4%，有迹象显示，21 世纪初中国最贫困的人群正在进一步滑向贫困的深渊。另有学者认为，目前城镇居民已经明显地分为三个群体，即富有群体、贫困群体和小康群体，其中，富有群体和贫困群体都已形成一定规模，贫富分化的趋势已显现

① 李实、赵人伟、张平：《中国经济转型与收入分配变动》，载《经济研究》，1998 年第 4 期，第 42 页。

出来。[①] 北京大学法学博士李拓认为，20 世纪 80 年代以来，我国阶级阶层结构出现了大规模的分化与组合，旧的社会结构解体，新的社会结构正处于发展变化中。改革开放使中国从一个利益平均的社会进入一个利益不断分化的社会，新时期人民内部矛盾经常集中地表现为先富与后富的矛盾，合法致富与非法致富的矛盾，特别是暴富群体与贫困阶层的矛盾日益成为矛盾的焦点。持“分化趋势论”的学者对差距性质的定位是已超出合理范围，从收入差距的角度看，“两极分化”已有可能。洪兴建等（2007）认为我国城乡、城镇及农村内部、行业之间的收入两极分化均呈上升趋势。[②]

（2）两极分化存在论

通过对我国基尼系数变动情况的关注，学术界部分学者得出了我国已经存在两极分化的结论。中国社会科学院经济研究所课题组根据 2002 年第三次调查的结果分析，全国的基尼系数已经达到 0.46。而按照南开大学经济研究所的调查，如果包括非法和非正常收入在内，1995 年全国的基尼系数就已达到了 0.52。[③] 学术界将我国与发展中国家、一些转型国家作比较后，发现我国的收入差距处在最前列。国家发展改革委员会宏观经济研究院杨宜勇认为，现在的收入差距达到了 1949 年来的高峰，分配问题的重要性超过了失业问题。吴忠民认为，在如何判断我国贫富差距现状问题上，“总体上合理”的判断具有一定的代表性，但这种判断不符合实际情况。[④] 按照世界银行的有关报告，世界上多数国家城乡收入的比率为 1.5，这一比率超过 2 的极为罕见，而我国城乡收入差距

---

① 宋晓梧、高书生：《对当前城镇居民贫富状况的思考》，载《经济学家》，2000 年第 3 期，第 56 页。

② 洪兴建、李金昌：《两极分化测度方法述评与中国居民收入两极分化》，载《经济研究》，2007 年第 11 期，第 151 页。

③ 陈宗胜、周云波：《非法非正常收入对居民收入差别的影响及其经济学解释》，载《经济研究》，2001 年第 4 期，第 19 页。

④ 吴忠民：《“贫富差距现状总体合理”判断有误》，载《中国经济时报》，2003 - 03 - 28。

早已超过这一水平。根据中国统计局公布的官方数据，2007 年我国城镇居民人均可支配收入与农村居民人均纯收入的比率达到高峰 3.33∶1，这种水平的城乡收入差距不仅是一个经济问题，更是一个社会问题。从统计数据上来说，城乡收入差距近几年来有所缓和（详见第二章），但如果再把城市居民各种福利、各类资产的影响计算进来，中国的城乡实际差距并未发生实质性的改变。从高低收入组的收入占比差异来看，也十分可观，据此有学者认为，两极分化在我国不仅具有可能性，而且事实上已经存在。甘犁也在 2012 年国泰君安宏观专家会议中指出，中国收入不均的程度严重，最高收入 10% 的家庭在总收入中的比例为 57%，最高收入 5% 的家庭收入占总收入的 44%。目前全国拥有 1000 万元以上财产的群体已见规模，而我国还存在相当规模的贫困群体，社会财富分配的两极规模化十分明显，且对我国经济的发展已造成不良影响。并有不少学者从私营经济的高速成长、生产要素参与分配、竞争机制、税收制度不健全和征收不力、腐败现象等方面进行分析，得出两极分化在我国出现具有必然性的结论。徐现祥等（2006）采用核密度函数估计方法，得出我国初次分配就出现了两极分化；张陶新（2009）则用两极分化指数对我国居民收入的两极分化进行了测度；龙莹（2012）发表观点认为我国两极分化程度在不断提高。

3. 其他观点

除了以上观点之外，也有学者提出不同的看法，与以上几种论点的单一判断有所不同。

（1）兼而有之论

兼而有之论认为居民收入差距的“适当”“过高”和“两极分化”情况都存在。马从辉认为[①]，“适当”是指我国居民在合法、合理范围内形成的收入差距比较“适当”，也可以说这种差距还不大，还没有彻底

① 马从辉：《如何看待我国的收入分配差距》，载《经济研究参考》，2002 年第 27 期，第 39～40 页。

打破平均主义的收入分配制度，在国家各级行政机关、国有企事业单位表现得比较明显。“分化”是指非法收入形成的收入差距已经达到“两极分化”的地步。“过高”是指在合法不合理的收入分配范围内，居民收入分配差距“过高”，如凭借垄断行业和某些特殊条件获得的高收入已经远远高于一般居民的平均收入。

（2）无法判断论

此论又被称为“价值判断论”，即认为从收入分配差距的大小来测度收入分配的合理与否，不能仅仅参考对收入分配状况的统计描述，而必须引入价值判断标准，但这其实已经超出统计实证分析的范畴。持该观点的学者认为在收入分配的理论研究上进行价值判断几乎是不可能的，因为每个学者都可以得出个人的价值判断，而个人的价值判断无法作为社会总体的价值判断，所以价值判断从理论上无解，故部分学者提出无法判断的观点。且不仅在理论上寻求统一的价值判断不可行，实际上，根据现代经济数据统计和实证分析理论也很难得出统一的结论，张晓芳（2017）指出，我国居民收入的极化问题还有待进一步讨论，在 1998 ~ 2014 年内居民收入的极化水平呈现先增后降的趋势。

二、改革开放以来中国共产党对收入分配理论的创立与探索

在实践的基础上，邓小平同志创立了转型初期具有中国特色的收入分配理论。之后中共历届中央领导集体都对中国特色的收入分配理论进行了有益的发展和补充。

（一）邓小平收入分配理论

邓小平大胆破除脱离我国社会主义初级阶段的生产力发展实际、阻碍我国生产力发展、扭曲马克思主义基本原理的错误的收入分配理论，创立了适合我国社会主义初级阶段的生产力发展水平、促进我国生产力

发展、真正符合并发展马克思主义基本原理的收入分配理论。该理论的创立与完善分为三个阶段：第一阶段，邓小平收入分配理论基本形成阶段（1978 年 12 月前）；第二阶段，邓小平收入分配理论不断完善阶段（1978～1985 年 3 月）；第三阶段，邓小平收入分配理论走向成熟阶段（1985～1992 年 2 月）。

邓小平通过提出打破“大锅饭”、平均主义，让一部分地区、单位、个人先富，先富带后富，最终实现共同富裕的观点，终于在转型初期建立了科学的、成熟的收入分配理论体系。这一理论既坚持了唯物论与辩证法，又批判了唯心论与形而上学，因而是真正伟大而科学的理论。

（二）以江泽民同志为核心的中共第三代中央领导集体对收入分配理论的探索

中共十四届三中全会制定了《中共中央关于建立社会主义市场经济体制若干问题的决定》，提出要允许资本等生产要素参与分配；开征遗产税、赠予税等税收，作为防止两极分化的新措施；“效率优先，兼顾公平”。

中共十四大首次提出了“效率与公平”的表述方式，强调了社会保障制度改革和统筹兼顾，理顺了收入分配方面的关系。中共十五大提出，将“允许要素参与收益分配”推进到按劳分配主体条件下，“按要素分配”与按劳分配相结合，为“按要素分配”找到了合理、合适的位子。中共十五大指出要坚持效率优先兼顾公平的分配原则，清楚地划分了“合法收入”“非法收入”“不合理收入”“调节过高收入”，制定了“保护合法收入”“取缔非法收入”“整顿不合理收入”“调节过高收入”的更科学的收入分配政策。同时，强调“建立完善多层次的社会保障体系”，“实行社会统筹与个人账户相结合的养老、医疗保险制度”等，特别是“提供最基本的社会保障”。

中共十六大上，江泽民同志作了题为《全面建设小康社会，开创中国特色的社会主义事业新局面》的报告。党的十五届中央委员会推进发展了以往的收入分配政策[①]：将“按要素分配”的提法改为“确立劳动、资本、技术和管理等生产要素按贡献参与分配的原则”，进一步肯定了要素参与分配的合法地位。党的十六大认为“坚持效率优先，兼顾公平”，并提出“初次分配注重效率，再次分配注重公平”的原则。既要反对平均主义，又要防止收入悬殊。“加强政府对收入分配的调节职能，调节差距过大的收入。规范分配秩序，合理调节少数垄断行业的过高收入，取缔非法收入……扩大中等收入者比重，提高低收入者收入水平。”并且“各地要根据实际情况合理确定社会保障的标准和水平。发展城乡社会救济和社会福利事业。有条件的地方，探索建立农村养老、医疗保险和最低生活保障制度。”

（三）以胡锦涛同志为总书记的党中央对收入分配理论的探索

这一时期强调，在经济发展的基础上，更加注重社会公平，合理调整国民收入分配格局，加大收入分配调节力度，完善收入分配制度，进一步理顺分配关系，提出：“扩大转移支付，强化税收调节，打破经营垄断，创造机会公平，整顿分配秩序。”[②] 通过提高低收入者收入水平，扩大中等收入者比重，调节过高收入，取缔非法收入，努力缓解地区之间和部分社会成员收入差距扩大的趋势，使全体人民享受到改革开放和社会主义现代化建设的成果。

以胡锦涛同志为总书记的党中央对中国收入分配理论的探索有四大创新之处。第一，首次提出在初次分配中体现公平——“初次分配和再分配都要处理好效率和公平的关系，再分配更加注重公平”，这是一个

① 江泽民：《全面建设小康社会，开创中国特色社会主义事业新局面》，北京，新华社2002年11月8日电。

② 胡锦涛：《高举中国特色社会主义伟大旗帜，为夺取全面建设小康社会新胜利而奋斗》，北京，新华社2007年10月16日电。

相对以前不同的提法。第二，首次提出“逐步提高居民收入在国民收入分配中的比重，提高劳动报酬在初次分配中的比重”。第三，首次提出建立企业职工工资正常增长机制和支付保障机制，提出要“着力提高低收入者收入，逐步提高扶贫标准和最低工资标准，建立企业职工工资正常增长机制和支付保障机制”并“加快建立覆盖城乡居民的社会保障体系”，保障人民基本生活。第四，首次提出“让更多群众拥有财产性收入”，中共十七大报告提出这一点其实蕴含了三个要素：一是“拥有财产性收入”，报告的这个新说法，意味着国家还将创造条件增加百姓的多元化收入；二是“创造条件”，报告中的信息表明国家将会积极推进资本市场健康发展；三是“让更多群众拥有”，这意味着随着国民经济的快速发展和投资渠道的不断拓宽，使更多的人公平、公正共享经济增长的好处。

（四）以习近平同志为核心的党中央对收入分配理论的探索

中共十一届六中全会，我国提出“社会主义初级阶段主要矛盾”是“人民日益增长的物质文化需要同落后的社会生产之间的矛盾”。从1981 年形成这个判断至今，36 年过去，我国的基本矛盾随着历史性的发展也发生了质的变化。10 月 18 日，习近平总书记在党的十九大报告中指出，中国特色社会主义进入新时代，我国社会主要矛盾已经转化为人民日益增长的美好生活需要和不平衡不充分的发展之间的矛盾。这一重要论述具有重大理论和现实意义，从报告中可以看出，收入分配、社会保障建设仍将是改革发力点，但新的论断显著影响了收入分配调节政策的重点和方式。

以习近平同志为核心的党中央对中国收入分配理论的探索体现在以下几点。第一，在脱贫攻坚方面，提出精准扶贫，扶贫方式由原来的区域瞄准转向精确识别、精确帮扶、精确管理。第二，在民生保障的制度建设方面，方略较以往都更详实，一是实施全民参保计划，建设大病保险制度，并提出以“幼有所育、学有所教、劳有所得、病有所医、老有所养、住有所居、弱有所扶”为目标，全面建成具有覆盖全民、城乡统筹等特点的社会保障体系，尽快实现养老保险全国统筹；二是提出就业是最大的民生，实施就业优先战略和积极就业政策，注重解决结构性就业矛盾，提供全方位公共就业服务，鼓励高校毕业生等青年群体以创业带动就业。第三，发展社会主义民主政治，加强和创新社会治理，促进社会公平正义，重视党建对反腐的作用。第四，提出破除妨碍劳动力、人才社会性流动的体制机制弊端，使人人都有通过辛勤劳动实现自身发展的机会，重视代际公平问题。第五，提出坚持在经济增长的同时实现居民收入同步增长、在劳动生产率提高的同时实现劳动报酬同步提高，拓宽居民劳动收入和财产性收入渠道。第六，提出完善政府、工会、企业共同参与的协商协调机制，构建和谐劳动关系。

第二章

转型期中国居民收入差距的变化

“转型”作为一个基本概念，最初应用在数学、医学和语言学领域，后来才延伸到社会学和经济学领域。布哈林在研究市场经济向计划经济的转型过程中，首先使用了“经济转型”的概念，用来界定一个国家或地区的经济结构和经济制度在一定时期内发生的重要的或根本的变化。在各类研究文献中，对经济转型的表述及研究均有不同，中文文献往往以“改革、转型、渐进和转化”来描述，并对经济转型在各方面产生的影响极其关注。

第一节　转型期中国收入分配领域的变化

具体来看，我国的经济转型是经济体制的更新，是经济增长方式的转变，是经济结构的提升，是经济体制和结构发生的一个由量变到质变的过程，既包括经济体制从高度集中的计划经济体制向市场经济体制转型，也包括从封闭式的传统农业社会向开放式的现代工业化社会转型的结构转型。体制转型的目的是在一段时间内完成制度创新，结构转型的目的是改变粗放型经济增长方式，建立发达的工业化社会，以实现经济的可持续发展。虽然从长期经济发展实践来看，经济转型是阶段性和长期性的统一，但就一般性理解而言，经济转型都是指的阶段性经济转型，在这个特定的转型阶段，经济领域往往会发生巨大变化，收入分配的变化当然是其中之一。

一、转型与居民收入差距的类型

我国经济转型具有结构转型和体制转型同步性的特点，这给我国收入分配领域带来了复杂的影响，使我国收入差距类型也变得复杂。

（一）中国经济转型概述及基本界定

中国经济体制改革在实践的探索中，经历了一个艰难曲折的历程。中国从计划经济迈向市场经济，采用了“先试验后推广”和“不断调整目标”等做法，阶段性过渡是改革开放后中国经济转型的主要特征。

1. 中国经济转型概述

中华人民共和国成立初期，我国确定了高度集中的计划经济体制，这种经济体制在中华人民共和国成立初期起到了积极的作用。然而，随着社会经济的不断发展，传统计划经济体制的历史作用和局限性开始显现，成为生产力发展的一大障碍，特别是长期排斥发展商品经济，导致我国社会生产发展得十分缓慢。在经济发展的客观需求的推动下，中国的经济体制改革在1978年拉开序幕，在中共十二届三中全会后，我国经济体制改革从计划经济过渡到有计划的商品经济，终于迈出了突破性的一步。1987年中共十三大进一步指出要建设社会主义有计划的商品经济体制。1991年邓小平视察上海时指出：“不要以为，一说计划经济就是社会主义，一说市场经济就是资本主义，不是那么回事，两者都是手段，市场也可以为社会主义服务。”至此，这一论断明确指出经济体制并不决定社会的性质，计划经济或市场经济都不是社会制度的本质属性，也不是区别社会制度的经济范畴，资本主义社会和社会主义社会并不因为采取计划经济或市场经济这些共同的经济调节手段和资源配置方式而改变其社会本质和性质。1992 年，中共十四大明确指出我国经济体制改革的目标是建立社会主义市场经济体制。邓小平关于计划经济与市场经济关系的一系列精辟论断，是其建设有中国特色的社会主义理论的重要内容，对中国社会主义现代化建设起到了极其重大的指导意义。

在中国经济转型中，政府行为和企业行为是互动的。政府和企业是推进经济转型的两种不同的力量。企业是推进经济转型的基本动力，而实现经济转型又离不开政府作用的发挥。中国在向市场经济体制转型的过程中，进行了经济的自由化、市场化和产权化。在经济自由化的过程中，中国经历了一个从农村到城市的渐进式改革过程。在这个过程中，以家庭联产承包责任制为核心的农村改革，使农民获得了土地使用权，以放开国有企业自主经营权为核心的改革，使国有企业初步摆脱了计划经济体制的束缚，同时也使非国有经济得到了迅速发展。在经济市场化的过程中，先后推行了企业扩大自主权试点和贯彻经济责任制等措施，逐步实行了企业利润留成制度。改革将国营企业推向了市场，与其他所有制企业展开竞争。企业在市场化的改革中成为独立自主的经济实体，从根本上提高企业的生产积极性。经济产权化改革强调了产权的重要性，允许了经济更大程度上的经济自由，各种所有制的竞争，使非国有经济成为中国经济发展的重要力量。

2. 中国经济转型期的基本界定

如上所述，我国的经济体制从计划经济到有计划的商品经济，再到社会主义市场经济，经历了较长的历程和艰难的探索后，终于实现了经济体制的转变，从而使我国社会主义现代化建设迈上了一个快速发展的新阶段。拙著将 1978 ~ 1992 年定位为中国进行经济体制、经济结构转型的试验、探索时期，1992 年至今，则是本书研究重点关注的中国经济体制转型时期。

（二）居民收入差距的类型

新的经济模式不仅是中国现代经济增长的主要动力，而且还改变着人们的生产方式和生活方式。在这些改变中也包括随着收入分化带来的不同类型的收入差距。

1. 生存型居民收入差距

所谓生存型居民收入差距是指存在于温饱和不能温饱之间的收入差距，即基本生存条件是否具备的问题。由于历史和自然条件的原因，我国农村仍存在规模不小的贫困人口，在“老少边穷”地区的农村依然存在特困人口，生存型居民收入差距依然存在。根据《中国统计年鉴2007》，2006 年底，年人均纯收入低于 600 元的农村绝对贫困人口农村居民按纯收入分组的户数占调查户比重的 1.58%，年人均纯收入 600 ~ 1000 元的相对贫困人口占 3.92%。近年来，我国的扶贫工作取得了重大进展，成绩斐然，但中国国家统计局在《2016 年国民经济和社会发展统计公报》中指出，按照每人每年 2300 元（2010 年不变价）的农村贫困标准计算，2016 年农村贫困人口还有 4335 万人。2017 年，这一规模持续下降，为 3046 万人。根据中央政府，扶贫攻坚战预计要持续到 2020 年。目前，这一群体尚在解决生存性需求，这种居民收入差距应属于生存型收入差距。

2. 衣食型居民收入差距

这类型的居民收入差距是指存在于取得“温饱型”收入水平的居民与“小康型”收入水平的居民之间的收入差距，通俗地说，即为“吃饱穿暖”与“吃好穿好”之间的收入差距。这种收入差距表现在生活质量的高低、生活状态的稳定上。目前，在当代中国大多数实现了小康的地区，居民收入差距基本上属于这种类型。

3. 住行型居民收入差距

这类型收入差距的显性化与多发是在转型后，存在于拥有中等收入水平的居民与高收入水平的居民之间的，一般而言，在不同社会群体之间，这类收入差距主要体现为金融资产、子女就学、家庭生活设施、居住质量、出行及交通工具等方面较为明显的层次差距上。在我国沿海一带的地区，已经有不少城市出现了这种居民收入差距。

二、转型期收入分配制度的变迁

（一）转型期收入分配制度变化的内容

对国家来说，整体分配制度和原则的确立是一件十分重要、也十分复杂的事。不同的社会背景，有着不同的价值取向、社会经济状况与政治制度，这些都会影响分配制度安排和分配原则的选择，尤其是在经历社会转型的时期，分配制度的内容会随着转型的阶段而调整。

1. 1985～1993 年收入分配制度变化的内容

（1）工资制度改革

1985 年工资制度改革的最大特点是，在工资制度上，实现国有企业同行政机关和事业单位脱钩，国有企业实行工资总额和经济效益挂钩。在企业工资总额的决定上，实行的是具有过渡性质的“工效挂钩”办法或工资总额包干办法，以及后来在包干基础上形成的计税工资包干办法。在企业内部的工资改革上，实行国家政策调整基础上的结构工资制和岗位技能工资制。行政机关和事业单位实行以职务工资为主要内容的结构工资制，到 1993 年进一步发展到行政机关和事业单位的工资制度脱钩，行政机关实行的是职级工资制，事业单位则实行体现其特点的工资制度，即根据事业单位所处行业，分别实行专业技术职务等级工资制、职务岗位工资制、艺术结构工资制、体育津贴和奖金制、等级工资制等。总体上来说，这一轮的工资改革具有较为明显的“过渡性”。

（2）个人所得税制度改革

1978 年中共十一届三中全会召开后，中国实行税制改革，在计划体制背景下取消的个人所得税，又重新纳入税制。1980 年开征个人所得税时，当时的纳税对象主要是来华工作的外籍人员。1984 年个人所得税制进行了重大改革，针对计划体制下税制的主要弊端——税率比例失调，税种过少，税负畸重畸轻等问题采取的改革措施，包括有三点：建立涉外税收制度；国有企业全面征收所得税；全面改革工商税收制度。这次税制的全面改革基本确立起了新的税制框架。1984 ~ 1993 年，我国对税制又做了进一步调整，陆续开征、恢复、合并了一些税种，1986 年和 1987 年，国家相继出台了个体工商户所得税和个人收入调节税，扩大了纳税范围，到 1993 年底，共设置 33 个税种。这次改革的贡献在于，它适应改革开放的需要，根本上改变了多年来形成并逐步强化、具有强烈计划特性的税制结构，初步实现了由单一税制向以流转税和所得税为主、其他税种相配合的复合税制转变。

（3）农村收入分配制度改革

随着“大包干”性质的农村生产方式的普及，农村收入分配不再以生产队为基础，而是以农户为分配主体，在收入分配制度上实行“交足国家的、留够集体的、剩下全是自己的”这一分配方式。

（4）社会保障制度改革

社会保障制度改革是经济转型国家的重要内容。在社会保障制度改革以前，我国国有企业实行的是“三位一体”的保障制度。劳动者只要在一个企业就业，相应地也就有了一定的福利和保障。职工退休后，企业会按职工退休前工资的一定比例支付退休金。相反，如果劳动者离开企业，也就失去了原有的福利和保障，这种保障制度显然难以适应我国经济体制转轨的要求，尤其是难以适应企业以减员增效为核心的现代企业制度的改革。因此，为配合国有企业改革，我国社会保障制度也必须进行改革。改革从 1984 年起逐步展开，企业办社会问题获得了重视，从最早实行生产经营和生活服务分开，到大力推动分离企业办社会职能，企业甩掉背负了多年的沉重包袱。国有单位福利制度改革的思路也逐渐清晰，一是实物福利货币化，二是生活服务社会化。经过多年的实践探索，我国社会保障制度改革关注的重点逐渐转到扩大社会保障的覆盖面上，致力于让更多的劳动者获得社会保障的支持，并努力提高社会保障的统筹级别，使社会统筹的范围不断地扩大。

2. 1993～2003年收入分配制度变化的内容

与1990～1993年进行的收入分配改革相比，1993～2003年的改革呈现出几点不同。一是改革的体制基础不同，1990～1993年的改革基础是1984～1992年中共十四大之前的“有计划的商品经济体制”，新一轮收入分配改革的体制环境则是已经建立并进入完善阶段的市场经济体制。二是改革的指导理论不同，上一轮改革的指导理论是有计划的商品经济体制理论和按劳分配理论，这一轮改革基于按劳分配与按要素分配相结合的理论，运用和借鉴了市场经济工资决定理论，如边际生产率工资理论、均衡价格工资理论、人力资本工资理论和委托－代理理论等。

（1）工资制度改革

1993～2003年的工资制度改革立足于工资分配的机制转换与制度创新。经过了近20年的双轨体制并行的过渡时期，随着对市场经济本质及其决定的分配方式认识的逐渐深入，改革不再局限于过渡措施。1999年9月中共十五届四中全会《关于国有企业改革和发展若干重大问题的决定》提出：“建立与现代企业制度相适应的收入分配制度，在国家政策指导下，实行董事会、经理层等成员按照各自职责和贡献取得报酬的办法；企业职工工资水平，由企业根据当地社会平均工资和本企业经济效益决定；企业内部实行按劳分配原则，适当拉开差距。”可见，新工资制度的调整方向是配合产权清晰、权责分明、管理科学、政企分开的现代企业制度，以与市场经济、现代企业制度相适应为目标，当时被称为现代企业工资制度。这一制度在尊重市场调节机制的同时，由政府进行工资、劳动力市场价位指导并对最低工资和工资支付立法，具体改革措施如下。

第一，推行以岗位工资为主体的工资制度。工资等级制度要由以前的结构工资制、岗位技能工资制转变为岗位工资制。虽然，结构工资制以及20世纪80年代末应运而生的岗位技能工资制对克服工资分配上的平均主义功不可没，但都不可避免地带有计划经济的痕迹。在实行过程中，普遍存在工龄因素考虑过多；工资单元过多，标准杂乱；同工不同酬，不同工也同酬等问题。

2000年全国企业工资工作会议提出改革企业基本工资制度，推行岗位工资制，重视关键岗位和重要岗位人员的收入问题。为健全收入分配的激励与约束机制，充分给予企业应有的工资自主权，可自定工资总额、工资水平、工资制度、工资形式和补充保险福利。此次工资改革在企业、事业单位同步进行，事业单位保留政策规定的固定工资标准部分，其余按岗位分配。企业可根据实际情况选择符合本企业特点的岗位工资制，例如岗位效益工资制，工资标准随经济效益浮动；岗位薪点工资制，点数法确定岗位等级，岗位工资标准；岗位等级工资制度，一岗多薪工资标准；岗位评价，在工资总额内测算工资标准；比照市场价格定价等。

同时，此次工资改革后，工资要根据生产经营变化、岗位的调整和个人知识技术水平的提高，及时地调整个人工资价位和整体工资标准。此次工资改革还与用人制度或用工制度改革结合，推行竞争上岗并裁减富余人员。推行该项工资制度的含义有三：一是工资增量的分配重点在于改善技术高、责任重的岗位的工资水平；二是力求工资对外具有竞争力，具体形式包括谈判工资制、科技产品销售收入提成及特殊的工资福利措施，引进和稳定少数关键专业技术人才；三是重视战略性收入分配（薪酬）设计，以激励人才为企业长期奋斗，使激励对象得到具有持久性的收入。政府力求通过这次改革，建立起正常的工资调整和运行机制。

第二，完善按要素分配的机制。1997年，中共十五大提出，完善分配结构与分配方式，把按劳分配同生产要素分配结合起来。2000年10月，中共十五届五中全会进一步提出“鼓励资本、技术等生产要素参与收益分配”。这次改革特别重视了管理要素和技术要素参与分配，具体包括：按管理要素分配，经营者年薪制试点；按技术要素分配，人力资本定价。

综上所述，新一轮工资改革的几个基本特点包括：市场收入分配理论为指导改革实践的理论；在分配政策上，效率优先；在工资增量分配上，向技术高、责任重的岗位倾斜，向管理要素和技术要素倾斜；在工资决定机制上，个人工资水平由人力资本存量及同类劳动力的供求关系决定；工资制度选择岗位职能工资制等。

（2）个人所得税制度改革

改革开放以来，税收理论不断取得重大突破。在国际税制改革的大背景下，税制改革作为经济体制总体改革方案的一个中心环节，从1994年起在全国推行，这次税制改革促使完善、统一的个人所得税制度开始形成。

这一轮的税制改革起因于中共十四大市场经济体制改革目标的确定，改革的法律基础是个人所得税法——全国人民代表大会制定的两部税收实体法之一。1993年10月31日，第八届全国人大常委会第四次会议通过《关于修改〈中华人民共和国个人所得税法〉的决定》，将修正后的个人所得税法重新公布，自1994年1月1日起实施统一的个人所得税税法。同年1月28日，国务院发布了《中国个人所得税法实施条例》。而后，财政部、国家税务总局陆续发布了一些关于贯彻执行新个人所得税法的规章制度，比较完整、统一的个人所得税制度初步建立。

这次改革的指导思想是：统一税法，公平税负，简化税制，合理分权，规范分配方式，保障财政收入，建立符合社会主义市场经济要求的税收体制。个人所得税在这次改革中进行了重构，将原来按纳税人类型分别设立的个人所得税、个体工商业户所得税和个人收入调节税合并为统一的个人所得税。它标志着个人所得税制度朝着科学化、规范化方向迈进了一大步，基本与国际惯例接轨（见图2－1）。

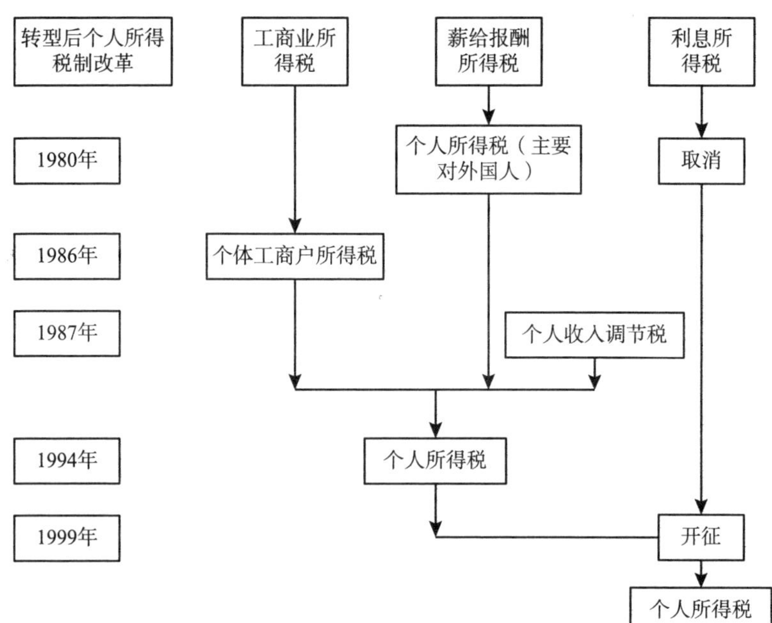

图 2－1 转型后中国个人所得税开征过程

(3) 农村收入分配改革

党中央、国务院历来高度重视农村、农民收入分配领域，尤其是切实影响农村、农民收入的农村税、费问题。20 世纪 90 年代以来，中央先后出台了一系列减轻农民负担的政策措施，控制“三提五统”的征收比例和“两工”数量，清理涉农收费项目，治理农村“三乱”，初步遏制了农民负担过快增长的势头。2000 年，中共中央和国务院选择安徽以全省为单位进行农村税费改革试点，试点的主要内容是：“三个取消，一个逐步取消，两个调整和一项改革”，即取消屠宰税、取消乡统筹，取消教育集资等税费负担，逐步取消劳动积累工和义务工，调整农业税政策、调整农业特产税征收办法，设定农业税税率为 7%，改革村提留征收和使用办法，以农业税征收额度的 20% 为上限征收农业税附加，替代原来的村提留。2002 年，作为农村税费改革扩大试点的配套措施，财政部出台了《农村税费改革中央对地方转移支付暂行办法》，中央财政统筹考虑各地区农村税费改革的影响，对地方净减收部分通过转移支付给予适当补助。2003 年，各地按照国务院统一部署，全面推进农村税费改革试点工作，并取得了积极成效。

（4）社会保障制度改革

为建立一个适应社会主义市场经济、有中国特色的社会保障体系，政府一直致力于健全社会保障宏观调控和监督体制，建立行政监督、社会监督和机构内部控制相结合的社会保障基金监管体系，探索投资管理的途径，建立与基金管理体制相配套的基金监督管理制度，努力实现基金保值增值，化解社会保险基金的运行风险。同时，政府不断加快劳动和社会保障法制建设，完善劳动和社会保障监察制度，提高社会保障管理的科学化、规范化、法制化水平。

由于经过多年的探索和改革试点工作，我国社会保障制度转型依然面临着立法滞后、统放不分、资金短缺等体制和技术难题。这一时期的社会保障体制改革的深化和社会保障体系建设主要着力于分清责任，即要划清企业、个人和政府之间的责任以及中央政府和地方政府之间的责任，发挥各方面的积极性，建成一个科学、合理的社保体系。具体措施包括：第一，建立并健全保险制度，包括基本养老保险和基本医疗保险制度，实行“统账结合”模式，鼓励有条件的用人单位为职工建立企业年金和补充医疗保险，进一步完善失业保险制度，将国有企业下岗职工基本生活保障制度纳入失业保险等；第二，健全并规范城市居民最低生活保障制度，自 1997 年起，国务院决定在全国城市建立最低生活保障制度，对弱势人群，包括三无人员、病残人员、下岗人员中的特困职工等生活在最低生活保障线以下的城市家庭实行生活救助，且农村最低生活保障制度也在局部地区兴起；第三，探索多种保障形式，推进农村基本保障体系建设，主要是农村养老保险制度和新型合作医疗制度建设，但两者仍处于试点或局部推行阶段；第四，完善社会救济、社会互助、优抚安置和社会福利政策，维护妇女、未成年人、老年人和残疾人的合法权益。

随着企业社会保险制度的逐步建立，机关事业单位同企业在社会保障制度安排上出现了“并轨”趋势。

3. 2003～2012 年收入分配制度变化的内容

这一阶段收入分配改革的指导思想是：初次分配坚持市场导向改革，重点在国有单位，再分配体现社会公平，充分展现了让全体人民享受改革发展成果的意图。

（1）工资制度改革

党中央、国务院在全面分析经济社会发展形势，统筹协调各方面利益关系的基础上，决定改革公务员工资制度，规范公务员收入分配秩序；同时，改革和完善事业单位工作人员收入分配制度，合理调整机关事业单位离退休人员待遇，完善机关工人工资制度。

第一，深化国有企业收入分配改革。由于国有单位分配制度改革相对滞后，一些单位自行设立了津贴、补贴和福利项目，形成了新的单位福利待遇。由于这些福利待遇名目很多，资金来源不透明，不易监控，因而，提高收入分配的透明度，成为国有单位收入分配改革的重点和难点。

第二，推动垄断性行业的收入分配改革。进一步推动垄断性行业的收入分配改革，改革的方向是工资收入要同劳动力市场价位相一致，改变垄断行业工资不合理的情况。

第三，推动公务员工资制度改革。公务员收入分配是整个社会收入分配的重要组成部分。2006 年 7 月 6 日中共中央召开的党外人士座谈会指出，按《中国公务员法》的要求，推进公务员工资制度改革，实行国家统一的职务与级别相结合的公务员工资制度，规范公务员收入分配秩序。重点有三个方面的内容：一是建立国家统一的职务与级别相结合的公务员工资制度，通过简化工资结构、增设级别、增强级别功能、完善工资调整办法等措施，适当拉开不同职务、不同级别之间的工资差距，增强工资和级别的激励作用；二是坚决查处违规违纪行为，形成严明有序的工资分配秩序；三是统筹兼顾，逐步缩小公务员工资分配的地区差距，适当向基层、艰苦边远地区倾斜，其措施包括完善地区津贴制度，特别是艰苦边远地区津贴制度，提高津贴标准，增加津贴类别，建立动态调整机制。

第四，完善事业单位收入分配制度。推动事业单位工资制度改革，完善机关工人工资制度，合理调整机关事业单位离退休人员待遇，具体措施包括：一是建立岗位绩效工资制度，2006 年我国提出了“绩效工资”的概念，之后的改革中，工资被分为岗位工资、薪级工资、绩效工资和津贴补贴四部分，其中岗位工资、薪级工资为基本工资；二是实行新的工资分类管理办法，为适应事业单位分类改革的要求，对从事公益服务的事业单位，根据单位类型不同实行工资分类管理；三是建立符合事业单位自身特点的工资正常调整机制，在运行机制上与机关不同；四是完善高层次人才收入分配激励机制，建立事业单位主要领导的收入分配激励约束机制，加强引导和调控事业单位的收入分配；五是健全收入分配调控机制，实行分类管理、分级调控，完善收入分配调控政策，加强工资收入支付管理，建立统分结合、权责清晰、运转协调、监督有力的宏观调控机制。

（2）个人所得税改革

这一阶段，我国还进行了收入再分配改革，主要是对个人所得税进行大力完善。首先是着力解决再分配的“逆向调节”问题。所谓再分配的“逆向调节”主要表现在，个人所得税收入中，工薪阶层成为个人所得税的纳税主体，高收入者的贡献率低，亟须改革个人所得税制。2011 年，我国将个人所得税的起征点调整至 3500 元，显然是在力图避免再分配的“逆向调节”成为收入差距扩大的潜在因素。其次，要进一步完善税收调节体系，对我国居民的财富占有差距进行税收调节，主要是关于遗产税与赠予税的讨论，但最终并未实施推行。

（3）完善农村收入分配制度

近年来，国家通过实施“三减免、三补贴”等一系列惠农政策，促进了农民增收，提高了农民生活水平。在 2004 年十届全国人大二次会议上，宣布“取消农业特产税，五年内取消农业税”之后，农村税费改革进程进一步向前跨越。先行试点省份积极推行取消农业特产税试点、核实调减计税面积、降低过高的农业税计税价格等措施，使农民负担进一步得到减轻。这一阶段的农村税费改革进一步完善了农村收入分配制度。

（4）社会保障体制改革

在社会保障方面，这一阶段的改革主要围绕适当提高企业离退休人员基本养老金标准、各类优抚对象抚恤补助标准、城市低保对象的补助水平，并注意提高其他低收入人员待遇，使之与经济水平相适应。

第一，进一步完善企业职工基本养老保险制度。为使全体人民享受改革发展的成果，国家多次提高企业离退休人员基本养老金标准。

第二，提高部分优抚群体的待遇标准，积极落实优抚对象生活、医疗待遇政策。例如，适当提高残疾军人和“三红”（在乡退伍红军老战士、在乡西路军红军老战士、红军失散人员）、“三属”（烈士遗属、因公牺牲军人家属、病故军人遗属）抚恤补助标准；对移交政府安置的军队离退休干部，与军队管理的离退休干部同步同幅度提高待遇标准等。

第三，城市低保对象。对城市居民最低生活保障对象，改善社会保障状况，提高补助标准，扩大保障范围，增加了保障项目，加大了中央财政补助规模。此外，此次改革基本实现了城市居民最低生活保障对象应保尽保，城镇低收入人员的基本生活得到了有效保障。

4. 2013～2017 年第五代领导集体时期收入分配制度变化的内容

国家发改委在印发的《2017 年深化收入分配制度改革重点工作安排》中提出，将组织开展城乡居民增收综合配套政策试点、专项激励计划试点和收入监测试点。随着政策的落地，技能人才、科研人员、新型职业农民等多个群体有望实现增收。

（1）工资制度改革

第一，改革中央管理企业负责人薪酬制度。2015 年我国正式实施《中央管理企业负责人薪酬制度改革方案》，对中央企业负责人的薪酬结构进行调整和优化，由基本年薪加绩效改为基本年薪、绩效年薪加任期激励收入，并对绩效年薪、任期激励收入和总收入水平作出了规定，例如绩效年薪不超过基本年薪的两倍，总收入不得超过在职员工平均工资的7~8倍。2017年又提出，要改革国有企业工资决定机制，开展中央企业职业经理人薪酬制度改革试点。

第二，进一步改革公务员工资制度。根据2013年国务院批转的《关于深化收入分配制度改革若干意见》工作任务，新一轮公务员工资改革已明确目标，此次改革的重点是提高基层公务员待遇，具体措施有两点，一是规范公务员地区附加津贴制度，调节地区差别的不合理；二是完善职务和职级并行的薪酬制度，正式推行公务员分类管理改革，将公务员分为综合管理、行政执法和专业技术三类，并为行政执法和专业技术建立独立的职务序列，工资待遇与行政职务级别脱钩。

第三，建立激励与约束相结合的事业单位工资制度。事业单位工作人员工资分为基本工资、绩效工资和津贴补贴，保持事业单位与机关工资政策的连续性和基本工资标准的平衡，同步调整事业单位工作人员基本工资标准，将部分绩效工资纳入基本工资。

（2）强化激励机制

这一阶段，国家十分重视收入分配制度中激励机制的建设，提出完善技术工人激励政策；实行以增加知识价值为导向的分配政策；完善机关事业单位工作人员激励制度等。这些改革面向技能人才、科研人员、企业经营管理者、基层干部队伍、小微创业者、新型职业农民、有劳动能力的困难群体，实施有针对性的激励计划激发这七大重点群体的积极性。例如，扩大享受企业所得税优惠的小型微利企业范围，将小微企业的年应纳税所得额上限从30万元提高至50万元等。

（3）社会保障体制改革

这一阶段，我国不断完善社会保险制度，扩大失业保险制度覆盖范围，加强农村最低生活保障制度与扶贫开发政策的有效衔接。2015年随着国务院发布《机关事业单位工作人员养老保险制度改革的决定》，中国养老“双轨制”正式终结，决定提出“改革现行机关事业单位工作人员退休保障制度，逐步建立独立于机关事业单位之外、资金来源多渠道、保障方式多层次、管理服务社会化的养老保险体系”。具体包括建立基本养老金正常调整机制、有条件的省份建立健全基本养老保险基金省级统筹；机关事业单位基本养老保险基金单独建账，与企业职工基本养老保险基金分别管理使用、建立养老保险关系转移接续机制、建立职业年金制度等。

虽然在这一阶段，个人所得税新的改革方案还在研究设计和论证中，但改革收入分配制度和规范收入分配秩序，还是通过重视妥善处理公平与效率的关系，注重适当向基层和艰苦边远地区倾斜等方面的努力，取得了一定的成果。不过，理顺收入分配关系，建立科学合理的收入分配制度，是一项长期而艰巨的任务，不可能毕其功于一役，因此，我国还会不断完善与社会主义市场经济体制相适应的收入分配制度，确保各项政策落实到位，努力提高人民生活水平，促进社会主义和谐社会建设。

（二）转型期收入分配制度调整的原则

对于调节转型期不同社会阶层、群体间的收入差距，我国政府认为科学设定调控的原则十分关键。作为社会理想分配状态的共同富裕，在市场经济运行中，必须经历两个阶段才能够实现：第一个阶段是效率优先，更加注重社会公平；第二个阶段是效率与公平相统一。第一阶段的公平属于经济学范畴，主要指结果公平。第二阶段的公平，则是马克思所讲的完全意义上的平等，由于劳动逐渐失去谋生手段的特性，以及劳动差别的缩小，效率与分配结果公平开始走向统一。这意味着，随着经济的不断发展，社会公平的重要性将不断提高，国民收入分配格局会更合理。为保障这一目标的实现，在调整收入差距的同时又无损经济发展的效率，转型期收入分配制度调整设定了以下原则。

1. 实现合理差别

转型期收入分配制度以实现居民收入的合理差别为原则。通过“一部分人先富起来”实现“共同富裕”，是我国经济发展的目标，其基本目的是打破大锅饭和平均主义，真正体现社会主义按劳分配原则，实现社会公正。如果现实中合理的收入差距没有拉开，而不合理的收入差距悬殊，必然导致社会心理失衡，失范行为剧增，因此我国政府提出调节收入分配制度必须考虑如何实现收入差距的合理性，以有利于把握好政策调整的范围和方向。一般而言，合理的收入应满足以下两个方面：第一，社会成员的收入来源必须是合法的；第二，收入差距与社会成员对社会的实际贡献相适应。这就是说，那些通过种种非法手段获取的收入、不正当的收入以及由此形成的差别，根本就没有存在的合理性；与自己的实际贡献无关的收入及由此形成的差别，也缺乏存在的合理性。如果收入差距与社会分配不公联系在一起，则是不合理、不正常的，不能为社会所认同，如以权谋私、投机暴富等。

2. 实现相对公平

中国的收入分配制度历经了从“平均主义”的阶段到“坚持效率优先、兼顾公平”的分配时期，再到“效率与公平并重”的新时期，在分配领域始终没有离开过“公平”问题的讨论。自从中共十四届三中全会首次提出个人收入分配要体现“效率优先、兼顾公平”的原则，中国打破了过去收入分配中的平均主义，这的确极大地释放了生产力，促进了社会经济的快速发展。但是，“效率优先、兼顾公平”是我国一定时期收入分配的指导方针，而不是整个市场经济历史时期的不变法则，会随着我国具体情况的发展变化而进行修正。

现阶段，我国在收入分配上出现的突出问题是：一方面经济迅速发展，社会财富增加很快；另一方面社会财富不断向少数人和少数阶层集中，收入差距拉大，存在贫富悬殊继续恶化的可能。具体表现，社会成员平均收入不断增加，而这个平均收入主要是少数高收入阶层拉动的，平均收入以下的群体十分庞大。尤其值得警惕的是，我国基尼系数已达高位，虽近年来没有继续扩大，且有小幅下降，但并无明显的实质性改善，“公平和效率”之间的矛盾激化已非一日。这不但违背社会主义分配原则和目的，而且还可能影响社会稳定。因此，我国把社会公平问题摆在突出地位，不断调整公平和效率关系，在处理“效率和公平”的原则性问题时，逐渐加大了“公平”的分量，从“效率优先，兼顾公平”的原则开始逐渐向“公平和效率并重”或“公平和效率优化组合”的原则过渡。也就是说，在初次分配领域要强调市场配置资源的有效性，强调对价值创造的激励；在再分配领域要通过公共支出、税收和价格等综合手段进行调整，强调分配的相对平等，使人们在经济增长过程中有公平的参与机会，共享经济增长的成果，促进人的全面发展和经济的可持续增长。简言之，目前我国收入分配制度改革遵循的原则是在初次分配领域，坚持在公平基础上的以效率为主，在再分配过程中，坚持效率基础上的以公平为主的分配原则，以实现社会分配的“相对公平”的格局。

三、转型期收入分配机制的变迁

在分配制度的变迁中，随着市场经济的发展与完善，市场机制在分配领域中的作用越来越有力，而相应的政府分配机制的作用则呈现出弱化的趋势，政府功能在分配领域出现了新的定位和特点。

（一）政府分配机制弱化

1. 政府分配机制的变化

通常情况下，收入的分配特征能基本反映财富或财产的分配特征。在经济体制下，我国实行的是财产的公有制，财富或财产的平等分配这一制度特征是显而易见的。事实上，虽然作为“全民”财产的所有者，国家实行着“平均主义”的分配方式，但在委托相关部门、单位或某一社会成员来“代理”分配时，在现实中依然存在一定的分配差异。但由于整个国民经济以及收入分配的高度计划性，财产及其收入的实际控制权仍然掌握在国家手里，完全不存在市场机会，所以，这种财产的“计划”分配差异就不可能导致范围大、程度深的收入分配差异，事实上也确实没有，这一时期，政府计划是主要的分配机制。

改革后，虽然社会财富平等分配的经济基础“公有制”依然是经济成分的主体，但由于市场经济体制改革，尤其是包括“放权”“承包制”“责任制”以及经济上的独立核算制度等在内的各项涉及产权改革的政策、措施的实施，已无形中改变了国有财产经营的“代理”性质。计划体制下对国有资产的一般管理性质的“代理”已经演变为某种程度上的实际控制，国有财产的实际控制权和占有权已部分地从国家手里分离出来，且出现日益集中在少数经营者手里的趋势，这种变化使计划经济体制下的财富“平等”分配模式演变成市场经济体制下财富的“名义分配”和“实际分配”的分离模式，政府的分配职能逐渐失去主导地位，而更多地作为收入分配机制的辅助部分。可见，此时政府职能应该重新定位，从主导分配转入调节与监控收入分配状况。

2. 政府分配功能的新定位

政府对分配的调节包括三个层面，即分配起点、分配过程和分配结果的调节。政府对分配起点的调节，目的在于实现分配起点的公平，因为现实中存在着诸多影响分配起点公平的因素，如受教育的程度、就业方式和领域、对公有资产的占有方式及程度等差异，这使政府在该环节的调节在现实中具有特殊的重要性。政府对分配过程的调节，目的在于实现分配过程的公平，消除分配中存在的各种不规范、不合理乃至非法的因素，如垄断利润、工资水平的确定随意性较大、职务消费失控、不正当收入及非法所得等。政府对分配结果的调节，目的在于实现分配结果的相对公平，将居民的实际收入差距控制在合理的范围内，以维持经济的可持续发展和社会的稳定。

在实践中，政府分配功能在转型期具有双重性，一方面，政府分配功能的正常发挥具有诸多积极作用，例如在对分配起点的调节方面，促进区域经济协调发展，普遍提高人力资本存量，引导劳动力合理而有序流动，监管国有资产合理有效运营等；在对分配过程的调节方面，依法加强对分配过程的监管，推动市场机制更有效地发挥其调节作用等；在对分配结果的调节方面，完善税收制度、社会保障制度和转移支付制度等。这些都是社会主义市场经济条件下政府分配功能的本质要求和应有体现。另一方面，由于转型过程中政府职能转变不到位，在三个层面的调节中都存在着不同程度的分配功能不当，由此而产生了诸多负面影响，例如政府分配功能的“越位”和“缺位”现象。这使得分配起点、分配过程、分配结果的不公平现状难以得到有效调节，甚至还存在着“逆向调节”，这必然要求政府对分配功能进行新的定位。

（二）市场分配机制增强

1. 市场分配机制强化的表现

随着向市场经济体制转型的发展，我国经济的市场化程度不断提高，市场机制的收入分配职能也不断强化，尤其体现在要素收益分配方面，这也使其成为导致居民收入差异化的重要因素。市场机制的竞争性使得越是稀缺的生产要素的要素报酬率越高，社会成员在生产要素上存在的占有差异，将最终体现为收入水平的分化。例如人力资本，社会成员的人力资本差异在市场机制的作用下，对个人就业与收入状况产生的影响。低人力资本水平往往意味着较差的就业竞争力，易处于低收入或失业状态；又如在资本要素方面，由于市场化分配的累积效应的存在，我国居民在金融资产、房产等方面存在的差距会逐渐扩大，从而极大地影响居民收入分配状况。

2. 市场分配功能的新定位

（1）市场分配功能的双重性

与政府的分配功能一样，市场分配功能同样具有双重性，即市场既能扩大收入差距，也能缩小收入差距。市场在扩大收入差距方面的作用主要体现在：第一，扩大居民按劳分配的收入差距；第二，扩大居民资本、资金等要素的收入差距；第三，扩大居民人力资本的收入差距。市场在缩小收入差距方面的作用则主要表现为：市场可提高资源配置效率和要素生产率，增加分配总量，提高总体分配水平，在一定意义上有助于缩小收入差距，也有弱化人们对相对差距的排斥程度的作用；市场化程度的提高意味着政府等非市场力量对市场不合理干预的减少，通过市场的发展和完善也可在一定程度制约或减少因市场不成熟而导致的收入差距；市场化程度的提高有助于打破垄断，促进要素流动，使得要素报酬合理化。

（2）市场分配功能的定位

市场不仅在初次分配领域发挥作用，在再分配领域也能发挥作用。市场的发展会自发地对再分配产生一些强化作用，再分配也需要市场在一定程度上的参与，社会保障等项目的市场化运作是最典型的例子；同时，市场化程度的发展变化可改变人们的分配观、财富观等，这反过来对生产、分配又产生很大的影响，从而具有很强的分配功能。由此可见，市场机制在收入分配领域的作用范围也同样具有贯穿性。

四、转型期收入分配格局的变化

国民收入分配格局主要是指国民收入在居民、企业和政府三者之间分配的比例及其相互关系。国民经济生产过程结束后，首先在生产领域进行初次分配，然后在全社会进行再分配。经过初次分配和再分配的共同作用，形成国民收入分配的最终格局。从总体上看，初次分配一般属于微观分配行为，以按劳分配与按要素分配结合进行，体现了效率的要求。再分配更多地属于宏观分配行为，主要由政府以税收和转移支付等方式对各经济主体的初次分配所得进行调节，着重解决社会发展和公平的问题。国民收入分配是宏观经济运行中具有承上启下作用的重要环节，它沟通生产和消费，可以说，国民收入分配格局是否合理对下一轮的经济循环能否顺利实现起着重要作用。

（一）国民收入分配格局的变化

无论是从我国国民收入初次分配的过程来看，还是从再分配后的最终结果来看，国民收入分配格局都存在失衡的状况，主要体现在两个方面：一是国民收入分配格局向政府倾斜，财政收入的迅猛增长挤压了居民收入增长的空间；二是相对增速较慢的居民收入内部存在分配结构不均衡、不合理的情况。

改革开放以来，我国政府、企业、居民三者分配关系的总体变化趋势为：20 世纪 80 年代三者比例在年度之间显著波动，进入 90 年代之后，从资金流量核算结果来看，我国国民收入分配出现了向政府和企业倾斜的现象，政府部门可支配收入占国民可支配收入的比重不断上升；企业部门可支配收入占国民可支配收入的比重在波动中上升；与此同时，居民可支配收入占国民可支配收入的比重持续下降。进入 21 世纪，居民可支配收入出现了一次明显下降，之后进入小幅波动期。具体而言，三者收入分配关系的演变经历了以下五个阶段（见表 2 - 1）：第一阶段：1980 ~ 1989 年，政府和企业可支配收入占国民可支配总收入的比重持续下降，居民可支配收入所占比重持续上升，宏观收入分配主要向居民倾斜的阶段；第二阶段：1990 ~ 1995 年，政府收入比重下降，而企业收入比重稳步上升，宏观收入分配向居民倾斜的趋势放缓，比重回调；第三阶段：1996 ~ 2003 年，政府收入比重波动上升，企业占比上升，居民收入比重小幅回落阶段；第四阶段：2004 ~ 2011 年，相对前一个阶段，政府和企业占比主要趋势为上升，居民收入占比下降明显，2003 年后，政府、企业和居民三者收入所占比重皆有波动。这一阶段，居民收入比重除个别年份有较明显波动外（比重降到 58% 以下），主要稳定在 59% 左右。从总体情况来看，这一阶段我国居民收入在可支配收入分配占比趋势为下降，与初次分配（见表 2 - 2）中居民分配格局基本相符，政府可支配收入占比则明显高于其初次分配占比；第五阶段：2012 ~ 2015 年，这一阶段，企业占比略有下降，居民占比略有好转，回升至60%以上。

表2－1　　政府、企业、居民的可支配收入分配比例　　单位：%

年份 项目	1980*	1985*	1990*	1995	1996	1997	1998	1999	2000	2001	2002	2003
政府	28.2	25.4	21.5	14.1	14.6	14.3	14.2	14.1	14.5	15.0	16.3	16.1
企业	9.8	7.7	9.1	19.7	16.4	17.7	17.5	19.2	19.4	2.6	21.1	21.9
居民	62.0	66.9	69.4	66.2	69.0	68.0	68.3	66.7	66.1	64.4	62.6	62.0
年份 项目	2004	2005	2006	2007	2008	2009	2010	2011	2012	2013	2014+	2015+
政府	16.6	17.4	17.9	18.8	18.3	17.5	18.0	18.8	19.2	18.9	18.9	18.5
企业	24.3	23.7	23.7	23.9	24.5	23.8	23.6	21.9	20.6	19.8	20.5	19.9
居民	59.1	58.9	58.4	57.3	57.2	58.7	58.4	59.3	60.2	61.3	60.6	61.6

资料来源：中国国家统计局编《中国统计年鉴2015》；＊孔泾源主编：《中国居民收入分配年度报告2005》，北京：经济科学出版社2005年版；＋根据中国国家统计局编《中国统计年鉴》（2016、2017）资金流量表（实物交易）计算。

表2－2　　政府、企业、居民的初次分配比例　　单位：%

年份 项目	2000	2001	2002	2003	2004	2005	2006	2007
政府	13.1	12.7	14.0	13.7	13.9	14.1	14.3	14.6
企业	21.2	23.1	23.4	24.2	26.9	26.6	26.9	27.5
居民	65.7	64.2	62.6	62.1	59.2	59.3	58.8	57.9
年份 项目	2008	2009	2010	2011	2012	2013	2014*	2015*
政府	14.1	13.9	14.6	15.0	15.5	15.2	15.2	14.9
企业	28.3	27.3	26.9	25.8	24.7	24.1	24.7	24.2
居民	57.6	58.8	58.5	59.2	59.8	60.7	60.1	60.9

资料来源：中国国家统计局编《中国统计年鉴2015》；＊根据中国国家统计局编《中国统计年鉴》（2016、2017）资金流量表（实物交易）计算。

（二）再分配对国民收入分配格局的影响

1. 再分配对政府分配份额比例的影响

由于收入再分配过程存在向政府倾斜的现象，政府在再分配中处于净得益地位，1992～1998 年净得益份额逐渐减小，但 1998 年以来，政府净得益份额在不断扩大。1998 年政府收入占比在达到 17.3% 的低点后，开始快速增长，增速持续多年且远高于国内生产总值（GDP）增速。2001 年财政收入增速达到 22.3%，2004 年财政收入增速高达 21.56%，2005 年增速维持在 20%，1998～2011 年财政收入平均增速为 19.5%，2012～2015 年是财政收入增速的回调时期，平均增速为 9.8%。[①] 需要指出的是，政府可支配收入的统计仅限于制度内收入（预算内和预算外收入），没有包括制度外收入，如制度外基金、制度外收费、制度外摊派（集资）和制度外罚没款等。对于政府制度外收入的估计，政府机构和很多学者已做了大量的研究。总体来看，主要研究结论倾向于制度外收入规模相当大。如果把这些难以统计的收入考虑进来，政府实际可支配收入比重要高于表中所列数值，企业和居民（主要是企业）所占比重则相应低于表中数值。

2. 再分配对居民分配份额比例的影响

我国改革的头 20 年，国民收入分配呈现出政府比重降低，居民收入占比则保持了上升态势的特点，这一收入分配格局既是我国经济市场化改革成功的原因，也是市场化改革的结果。1998 年以来这一趋势发生了转变。1992～1998 年，据统计，居民在再分配中，总体上处于净得益地位，但 1998 年后，居民净得份额在逐渐缩小。数据显示，在政府收入持续增长的同时，企业收入占比稳定，换言之，政府收入快速增长大大挤压了居民收入的增长空间，导致居民实际收入增长持续多年低于 GDP 增速。与初次分配所占份额相比，2002 年居民已由再分配中的净

---

① 中国国家统计局编：《中国统计年鉴 2016》，中国统计出版社 2016 年版。

得益方变为净损失方，具体表现为居民可支配收入占比低于初次分配占比，这一趋势一直持续到2011年。2012年居民可支配收入占比再次高于国民初次分配收入所占比例，到2015年，居民处于净得益地位的情况尚未发生变化。

由于收入再分配向政府过度倾斜，居民并没有通过国民收入的二次分配获得更多收入，也没有通过政府公共开支，如社会保障支出，获得更多收益。自1980年以来，财政资金中用于社会保障的比重一直维持在2%左右，2005年财政资金直接用于社会保障的金额（即抚恤和社会福利救济费）仅为716亿元，用于社会保障补助支出金额为1817.64亿元，[①] 近年来，这一类支出有所增加，根据《中国统计年鉴》（2016、2017）的数据显示，2015年国家用于社会保障和就业的支出占到一般公共预算支出的10.1%，2016年为11.5%，比重持续有所增加，但发达国家财政用于社会保障支出的比重一般在30%～50%，我国政府在社会保障方面的投入还远远不够。

3. 再分配对企业分配份额比例的影响

与初次分配相比，企业在再分配过程中，长期处于净损失地位，但净损失呈减少趋势，企业占国民可支配收入的比重自1995年达到16.7%的高水平后，出现了短暂下降。自2000年开始，基本上一直处于上升趋势，到2004年，该比重还出现了一次大幅上升，之后一直稳定在20%以上，直到2012～2013年跌落20%以下，但在2014年又再次上升至20%以上。从三者的比例变化上来看，企业比重总体是上升的，但并未改变我国收入分配格局倾斜的局面，与政府一样，企业的增幅对应的是居民收入分配比例的压缩。

（三）转型期国民收入分配格局分析

从国民收入分配格局变化中可以看出，我国政府在国民收入分配中

---

① 中国国家统计局编：《中国统计年鉴2006》，中国统计出版社2006年版。

的占比偏高。2003 年我国人均 GDP 达到 1000 美元，如果与人均 GDP 在 1000 美元～3000 美元的阶段的美国和日本进行横行比较，我国政府则无论是在初次分配中占国民收入的比重，还是在经过再分配后，占国民可支配收入的比重均偏高。美国和日本的政府、企业和居民在初次分配中的份额大致均为 1∶4∶5，收入再分配的调整则在美、日之间存在区别，美国企业的分配份额提高，日本则是居民的分配份额提高。例如，日本政府、企业和居民三者之间可支配收入的比例关系大致为 1.5∶1∶7.5。国际经验表明，在由低收入国家向中等收入国家迈进的过程中，居民和企业所得的比重应略有上升，政府所得比重则有所下降。2016 年，我国的人均 GDP 已超过 8000 美元，但我国政府占国民可支配收入比重与人均 GDP 变化趋势的关系并不符合国际经验，这一现象值得我们关注。

第二节　转型期中国居民收入差距的现状

收入分配是影响经济发展和社会稳定的重要问题，也是我国经济体制改革中至关重要的环节和经济社会协调发展无法回避的问题。随着市场经济的发展，我国居民收入的总体状况逐步得到改善的同时，居民收入差距也不断在变化。从均等指数的角度，在 42 个国家或地区收入分配均等指数按由大到小的排序中，中国居民的收入分配均等指数在排序中位置靠后；从差距指数角度，中国的贫富差距指数位于 42 个国家和地区的中等靠前的位置。这表明，中国居民的收入分配平等性程度在国际上位于中等略偏下的水平。可见，充分了解和时刻关注差距的状况十分有必要。

一、我国基尼系数的基本情况

目前，中国居民收入分配差距已经十分显著，从绝对水平看，我国居民收入差距已经排在了世界前列。基尼系数是常用于衡量一国居民收入差距的重要指标，据世界银行的统计，我国居民基尼系数1990年是0.343、1995年是0.445、1998年是0.403，[①] 进入21世纪后则基本上在0.4以上的水平发展，根据国家统计局提供的数据，1996年全国城乡合计的基尼系数为0.424、1997年为0.425、1998年为0.456、2000年为0.458、2002年为0.460。据中国社会科学院2005年社会蓝皮书报告，2004年中国基尼系数超过0.465。不过出自不同部门的基尼系数，在具体数值上可能有明显差异。比如，2005年的基尼系数，中国社科院经济研究所课题组的数据是0.454；南开大学研究的结果已经超过0.5；联合国开发计划署的数据显示，中国的基尼系数达到0.45；[②] 这一系数的上升趋势持续了很长一段时间，根据国家统计局发布的数据，2008年中国基尼系数曾一度上升至0.491，此后开始逐年回落，在2009~2015年实现了7连降，分别为：2009年0.490，2010年0.481，2011年0.477，2012年0.474，2013年0.473，2014年0.469，2015年0.462，2016年有所上升，为0.465。目前国家对基尼系数的发展趋势持乐观态度，认为2016年的情况没有改变我国基尼系数的下降趋势。不过根据国际一般标准，基尼系数在0.4以上就表示收入分配超过警戒线，现有数据显然说明，我国居民收入差距至今依然十分显著。由于我国的统计数据对于真实情况的反映仍有一定差距，居民隐性收入和非法收入以及城镇居民享受的社会福利等并未统计在内，因此，中国居民的收入分配差距的实际状况可能更加严峻。

二、我国三大差距的总体情况

从收入分配差距分解角度看，可以将收入分配差距主要分解为城乡

① 世界银行：《（1992、1999/2000、2003年）世界发展报告》，中国财经出版社1992、2000、2003年版，附录。

② 金重：《“中国的基尼系数”谁说了算?》，载《中国信息报》，2006年第2版。

之间、地区之间和行业之间的三大差距。目前，我国收入分配现状不仅表现出居民整体收入差距呈现拉大趋势，城乡之间、城市居民之间、农村居民之间均存在分配不平等的现象，区域内部居民之间及不同区域的居民之间、行业内部职工及不同行业的职工之间也都呈现较大的收入差距（见表2－3）。

表2－3　　全国居民城乡、行业、东西部人均收入最高与最低的比值

项目 \ 年份（年）	2000*	2001*	2002*	2003	2004	2005	2006	2007
城乡之间	2.79:1	2.90:1	3.11:1	3.23:1	3.21:1	3.22:1	3.28:1	3.33:1
行业之间	2.63:1	2.86:1	2.99:1	4.49:1	4.46:1	4.73:1	4.67:1	4.40:1
地区之间	3.21:1	3.23:1	3.26:1	3.27:1	NA	3.52:1	2.05:1	NA
项目 \ 年份（年）	2008	2009	2010	2011	2012	2013	2014	2015
城乡之间	3.31:1	3.33:1	3.23:1	3.13:1	3.10:1	3.03:1	2.97:1	2.95:1
行业之间	4.37:1	4.21:1	4.20:1	4.17:1	3.96:1	3.86:1	3.82:1	3.59:1
地区之间	NA	NA	NA	NA	NA	1.70:1	1.68:1	1.67:1

资料来源：根据中国国家统计局编《中国统计年鉴》（2003、2005、2016）有关数据计算；NA表示未得到有关数据；*表示行业之间比值根据按行业分职工平均工资计算，其他根据分行业城镇单位就业人员平均工资计算。

从表2－3中我们可以看到，我国主要的三类居民收入分配差距都客观存在，城乡之间、行业之间的收入分配差距十分不合理，但值得高兴的是，三大差距目前都显现出政策调节效果，处于下降趋势，尤其是国家区域经济发展政策对区域居民收入差距的调节作用比较显著，西部、中部和东北的收入水平已十分接近，西部收入水平的提高，显著缩小了我国东、西部地区之间的收入差距。

三、转型期区域居民收入差距的变化

我国不同地区间存在的居民收入差距与区域经济发展差异密切相

关。新中国成立前，经济发展的东西部差距早已形成。不少数据都从客观的角度反映出中国区域经济发展的不平衡性，存在区域间人均收入差距是不可避免的问题。特别是改革开放以后，东部沿海地区同西部地区的发展差距一度快速拉大，东部地区接近后起工业化国家的发展水平，而西部地区却只相当于发达国家20世纪初的水平。但区域间的经济差距会随着一国发展水平的提高而逐渐发生变化，我国的区域差距在国家区域经济政策的调节下已有所缓解，与之伴生的居民收入差距虽至今尚未完全被改变，但也出现了一些改善的趋势。

（一）区域间农村居民收入差距

在中国区域间居民收入差距的变化过程中，欠发达地区与发达地区农民之间收入差距的绝对数额呈现出不断扩大的趋势，成为区域居民收入差距的重要影响因素。从收入水平的相对比例来看，在西部大开发政策的作用下，东、中、西部农村居民纯收入差距呈现出一定的缩小趋势，尤其是东、西部间的差距变化较为显著。

1. 东部与西部间农村居民收入差距的变化

西部与东部相比，无论是绝对数额还是收入比例，到21世纪初期差距仍然较大，而如果将比较范围细化，这一差距会更为明显，例如2005年，农村家庭人均纯收入最高的上海达8244.77元，是收入最少的贵州农民（人均纯收入1876.96元）的4.39倍。[①] 不过到了2015年，农村家庭人均纯收入最高的上海（23205.2元）与收入最少的甘肃农民人均纯收入（6936.2元）相比，这一比例降到3.34倍，[②] 降幅还是比较明显的，与东、中、西部农村居民纯收入的整体差距变化趋势相符。

2. 中部与西部间农村居民收入差距的变化

西部与中部相比，两者之间的差距起点很低，但在经历了一段快速

① 中国国家统计局编：《中国统计年鉴2007》，中国统计出版社2007年版。

② 中国国家统计局编：《中国统计年鉴2016》，中国统计出版社2016年版。

的扩大之后，在1995年达到高峰。这可能与西部地区土地贫瘠，早期的耕作方法落后，劳动生产率低下有关，农村收入水平提高存在很大难度。之后，中、西部农村人均收入差距逐渐缩小，2013～2016年，差距基本稳定在1.2∶1。总的来说，西部农村居民人均纯收入水平一直低于中部农村居民纯收入水平（见表2－4）。

表2－4　　农民人均收入的地区差距比较　　单位：元/人

地区 年份（年）	东部	中部	西部	东西差额	东中差额	比值
1978	164.1	131.5	120.0	44.1	32.6	1.36∶1.09∶1
1985	513.0	380.3	322.6	190.4	132.7	1.59∶1.18∶1
1995	2346.1	1422.3	1051.6	1294.5	923.8	2.23∶1.65∶1
1998	3154.0	2054.3	1476.4	1677.6	1099.7	2.13∶1.39∶1
1999	3236.6	2058.3	1519.7	1760.2	1178.3	2.13∶1.35∶1
2005	4720	2957	2379	2341	1763	1.98∶1.24∶1
2006	5188	3283	2588	2600	1905	2.00∶1.27∶1
2007	5855.0	3844.4	3028.4	2826.6	2010.6	1.93∶1.27∶1
2008	6598.2	4453.4	3517.7	3080.5	2144.8	1.88∶1.27∶1
2009	7155.5	4792.8	3816.5	3339	2362.7	1.87∶1.26∶1
2010	8142.8	5509.6	4417.9	3724.9	2633.2	1.84∶1.25∶1
2011	9585.0	6529.9	5246.7	4338.3	3055.1	1.83∶1.24∶1
2012	10817.5	7435.2	6026.6	4790.9	3382.3	1.79∶1.23∶1
2013	11856.8	8983.2	7436.6	4420.2	2873.6	1.59∶1.21∶1
2014	13144.6	10011.1	8295.0	4849.6	3133.5	1.58∶1.21∶1
2015	14297.4	10919.0	9093.4	5204	3378.4	1.57∶1.20∶1
2016	15498.3	11794.3	9918.4	5579.9	3704	1.56∶1.19∶1

资料来源：中国国家统计局编《中国统计年鉴》相关年份数据整理和计算。

（二）区域间城镇居民收入差距的变化

1. 城镇居民可支配收入的区域差距

20 世纪 80 年代，西部地区与东部地区之间的城镇居民可支配收入差距十分微小。从变异系数来看中国省际间居民收入水平差距，1980 年城镇居民人均可支配收入省际间差距的变异系数为 0.13，1990 年达到 0.21，扩大了 61.5%，如果分别计算 1995 年和 2005 年全国各省间的变异系数（反映省际间收入水平的离散程度），可发现 10 年间地区间的收入分配差距也略有扩大，但在统计上并不显著，分别为 0.2716 和 0.2914。[①] 随着经济发展，东、西部地区城镇居民收入不断变化，但无论从城镇居民可支配收入的绝对数额还是从收入比例来看，东部与西部、东部与中部城镇居民的收入差距一直存在。据国家统计局的资料显示，1993～2006 年，东部与西部、东部与中部城镇居民人均可支配收入比例的变化基本呈现出小幅扩大的趋势，尤其是东部与西部比较显著，2007 年开始，这一比例开始逐渐回落（见表 2－5）。与农村居民的情况不同，西部与中部城镇居民可支配收入水平则相对接近，主要的变化体现在两者之间收入水平地位的变化上：在 2004 年以前，西部城镇居民人均可支配收入略高于中部地区，之后西部开始略低于中部地区。从数据上看，自 2003 年起，中、西部之间的城镇居民人均可支配收入总体上差距十分微小。

表 2－5 城镇居民人均可支配收入的地区差距比较 单位：元/人

年份（年）＼地区	东部	中部	西部	东西差额	东中差额	比值
1978	476	397	468	8	79	1.02∶0.85∶1

① 庄健：《中国居民收入差距的国际比较与政策建议》，载《宏观经济研究》，2007 年第 2 期，第 39～36 页。

续表

年份（年）\地区	东部	中部	西部	东西差额	东中差额	比值
1989	1441	1084	1200	241	357	1.20∶0.90∶1
1993	3140	2118	2287	835	1022	1.37∶0.93∶1
1998	6574	4492	4665	1909	2082	1.41∶0.96∶1
1999	7146	4837	5302	1844	2309	1.35∶0.91∶1
2003	10366	7036	7096	3267	3330	1.46∶0.99∶1
2005	13375	8809	8783	4592	4566	1.52∶1.00∶1
2006	14967	9902	9728	5239	5065	1.54∶1.02∶1
2007	16974	11634	11310	5664	5340	1.50∶1.03∶1
2008	19204	13226	12971	6233	5978	1.48∶1.02∶1
2009	20953	14367	14214	6739	6586	1.47∶1.01∶1
2010	23273	15962	15807	7465	7310	1.47∶1.01∶1
2011	26406	18323	18159	8247	8083	1.45∶1.01∶1
2012	29622	20697	20600	9022	8925	1.44∶1.00∶1
2013	31152	22665	22363	8519	8487	1.39∶1.01∶1
2014	33905	24733	24391	9514	9172	1.39∶1.01∶1
2015	36691	26810	26473	10218	9881	1.39∶1.01∶1
2016	39651	28879	28610	11041	10772	1.39∶1.01∶1

资料来源：中国国家统计局《中国统计年鉴》相关年份数据整理和计算。

和农村居民的情况一样，地区之间的这一收入差距体现在具体省份或城市人均收入上会更为明显。从城市来看，人均可支配收入高的上海、北京、天津、浙江、广东、江苏和福建一直都是国家改革开放以来政策倾斜的地区。据统计，全国城镇人均可支配收入位居前列的城市基本为东部城市，与收入位于较后的城市人均可支配收入的差距可观。以城镇居民人均可支配收入最高水平和最低水平进行比较为例，根据国家统计局数据，1997 年全国城镇居民人均可支配收入最高的地区是上海（8438.9 元），是人均可支配收入最低的山西省（4989.9 元）的 1.69

倍，到2006年，城镇居民人均可支配收入最高的依然是上海市（20668元），最低的为甘肃省（8920.59元），收入最高省（区、市）与最低省（区、市）的收入升至2.32∶1。2015年这一比值则略有下降，为2.23倍（上海52961.9元∶甘肃23767.1元），2016年为2.25倍（上海57691.7元∶甘肃25693.5元），相较于2015年又略微有所上升。

2. 城镇居民基尼系数的区域特点

从城镇居民的基尼系数来看，沿海地区居民之间的收入差距大于内地居民之间的收入差距。1988年沿海省份城镇工资基尼系数为0.238，内地为0.233，1995年则分别为0.329和0.281，沿海省份上升了9.1个百分点，内地省份只上升了4.8个百分点；1988年沿海省份城镇居民收入基尼系数为0.213，内地为0.220，1995年则分别为0.277和0.247，沿海省份上升了6.4个百分点，内地省份上升了2.3个百分点。[①] 根据现有研究显示，进入21世纪，我国省级区域居民收入基尼系数呈明显的聚集性、区域性特点和梯次过度趋势，总体呈现由沿海向内地、由东部向西部逐步升高的态势，且城镇化水平对省级区域收入差距影响明显。2010年，城镇化水平高（2010年均在80%以上）的直辖市北京、天津和上海对总体居民收入差距贡献不大（2010年基尼系数均在0.3以下），而2010年城镇化水平为53%的重庆则对总体居民收入差距贡献大，最大值为0.4474（2002年），2010年为0.4003。[②]

3. 区域间收入差距的变化趋势

（1）区域经济政策的影响

如前所述，我国区域间的收入差距和地区经济发展水平有密切联系，从人均GDP指标来看，据国家统计局统计，我国人均GDP指标省

---

① 约翰·奈特、李实、赵人伟：《中国城镇工资和收入差异的区域分析》，载赵人伟、李实、卡尔·李思勤主编：《中国居民收入分配再研究》，中国财政经济出版社1999年版，第255～256页。

② 田卫民：《省域居民收入基尼系数测算及其变动趋势分析》，载《经济科学》，2012年第2期，第56～58页。

际之间的差异性较强，区域分布差别明显。1978 年，东、中、西部国民生产总值占全国国民生产总值的比重分别为 52.5%、29.70%、17.80%，1995 年为 59.00%、26.50%、14.50%，2005 年为 55.6%、18.8%（东北地区已划出）和 16.9%。[①] 与此对应的是，东、中、西部地区之间的收入差距，人均收入较高的地区多为东部沿海省份，人均收入较低的省份则多属于中、西部地区。为此，中国政府对区域经济发展差距采取了积极的应对措施，随着区域经济协调发展、西部大开发、振兴东北老工业基地等战略的落实，国家对中、西部地区的政策支持力度加大的效果已初步显现。就中部而言，随着长江流域的重点开发和基础设施建设的加快，中部地区经济增长速度将逐步加快，东、中部之间的相对差距将有可能保持相对缩小的趋势。就西部而言，由于西部地区发展基数较小，各方面的发展潜力还没有得到充分地挖掘，随着西部大开发战略的深化和一系列有利于西部发展的相关政策措施的出台和落实，西部地区的基础设施和生态环境建设将得到实质性的进展，西部地区的资源优势将逐渐转变为经济优势。2010 年，全国最高的人均 GDP 是上海，为 76074 元，最低的是贵州，为 13119 元，前者是后者的 5.8 倍；到 2015 年，全国最高的人均 GDP 是天津，为 107960 元，最低的是甘肃，为 26165 元[②]，前者是后者的 4.13 倍，两者差距有缩小。从数据来看，政策对遏制地区收入差距扩大也已起到很积极的作用，2013～2015 年东部地区与西部地区之间人均可支配收入的差距变化虽然微小，但整体呈减小趋势。（见表 2－3），根据《中国统计年鉴 2017》的数据，2016 年东部地区与西部地区之间人均可支配收入的差距维持在 2015 年的水平。

（2）城镇化的影响

我国城镇化发展水平对区域收入差距有着明显的影响。根据国家统计

① 中国国家统计局编：《中国统计年鉴》（1979、1996、2006），中国统计出版社 1979、1996、2006 年版。

② 中国国家统计局编：《中国统计年鉴 2016》，中国统计出版社 2016 年版。

局编《中国统计年鉴 2016》数据，2006 年东、中、西部城镇化水平分别为 54.6%、40.4% 和 35.7%，其中上海最高，为 88.7%，水平较低的贵州、甘肃分别仅为 27.5% 和 31.09%。2006 年在 31 个省市自治区中，城镇居民可支配收入位居全国第一的是上海 20667.91 元，居后的贵州和甘肃分别是 9116.61 元和 8920.59 元，收入比分别为 2.27∶1 和2.32∶1。到 2015 年，城镇化水平最高的还是上海，为 87.6%，但贵州与甘肃城镇化水平分别达到 42.0% 和 43.19%。与此对应的是，2015 年，上海城镇人均可支配收入为 52961.9 元，贵州为 24579.6 元，甘肃为 23767.1 元，收入比变为 2.15∶1 和 2.23∶1。从这一情况来看，随着城镇化的推进，省际间城市人均可支配收入的差距水平也有微小改善。

总的来说，国家实施的一些措施（包括减轻农民负担、实施西部大开发战略、加强收入调节）对抑制区域间收入差距是有作用的。但我国的地区差别不仅是 GDP 增长上的，也是社会发展，特别是教育、卫生和文化方面的，区域经济发展及收入差距既受历史和资源等客观因素的影响，也受经济增长阶段等规律性因素的影响。由于经济增长惯性、运行机制以及发展基础等差异客观存在，东部地区将继续在吸引国内外资金、人才、技术等生产要素方面处于优势地位，已积累的可观实力和经济增长的惯性将使其继续保持较高的增长速度，从而使东部与中西部的差距在未来若干年间继续存在。但与此同时也应看到，随着中西部地区经济的发展，最终会对遏制三大区域间的居民收入差距起到显著的作用。

四、转型期城乡居民收入差距的变化

城乡居民收入差距是中国二元经济在收入分配领域中一个不可忽视的典型影响。这种差距不仅客观存在于城乡之间，同时也存在于城市与农村自身内部。从其发展趋势来看，与区域收入差距一样，我国城乡居民的收入差距在近年来也表现出一些新的特点。

（一）城乡内居民收入差距及发展趋势

城乡居民内部的收入差距首先表现为不同社会成员个体（家庭）之间收入及财富占有状况的差异，特别是高低层次的分化。

1. 城镇内居民收入差距及发展趋势

从城镇居民的收入情况来看，用五等分法计算出来的数据显示，我国城镇居民收入分配的集中程度已非常高。根据 1999 年三季度多部委的联合调查结果，在城镇调查户 8 月的月收入中，按户人均收入由高到低的五等分分组，20% 的高收入户收入占到总收入的 42.4%，20% 低收入户则仅占 6.5%。从人均收入情况看，20% 的高收入户人均收入为 992 元，20% 低收入户为 124 元，高低之比达 8∶1。国家统计局把城市居民按人均可支配收入由高到低排列并进行五等分分组，2003 年，占总体 20% 的最高收入组家庭人均可支配收入为 17471.8 元，比上年增加 2012.3 元，增长 13.0%；占总体 20% 的最低收入组家庭人均可支配收入为 3295.4 元，比上年增加 263.3 元，增长 8.7%。最高组与最低组的收入之比由 2002 年的 5.1∶1 扩大到 5.3∶1。2005 年，占总体 10% 的最高收入组家庭人均可支配收入为 28773.11 元，比上年增加 3395.94 元，增长 13.4%；占总体 10% 的最低收入组家庭人均可支配收入为 3134.88 元，比上年增加 272.49 元，增长 9.5%，最高组收入增长速度明显高于最低组，2005 年最高 10% 收入户与最低 10% 收入户人均可支配收入比高达 9.18∶1。[①] 2002～2015 年，城镇居民 20% 的高收入群体和 20% 的低收入群体的收入比基本维持在 5 倍以上（见表 2－6）。从发展趋势来看，根据《中国统计年鉴 2017》数据，这一差距并无改善（2016 年为 5.4∶1）。

① 中国国家统计局编：《中国统计年鉴》（2003、2004、2006），中国统计出版社，2003、2004、2006。

表 2 - 6　　城镇居民人均可支配收入高收入 20%与低收入 20%收入比

年份（年）	2000	2001	2002	2003	2004	2005	2006	2007
比值	3.6:1	3.8:1	5.1:1	5.3:1	5.5:1	5.7:1	5.6:1	5.5:1
年份（年）	2008	2009	2010	2011	2012	2013	2014	2015
比值	5.7:1	5.6:1	5.4:1	5.4:1	5.0:1	5.8:1	5.5:1	5.3:1

资料来源：根据中国国家统计局编《中国统计年鉴》（2015、2016 等）相关数据计算。

从城镇居民的财产情况来看，城镇内还表现出财产集中度越来越强的趋势，居民家庭存量财富的差别越来越大，财产分布的不平等情况比收入更严重。由于部分城镇居民的债务超过了其财产总额，从而造成了人均财产最少的 10% 的人口仅拥有相当低的财产份额，低到了几乎可以忽略不计的程度。2007 年，城镇居民家庭财产底端的 1% 的人口所拥有的财产份额为 -0.84%，底端的 10% 的人口所拥有的财产份额为 -1.53%，而财产最多的 10% 所拥有的财产份额达到 36.97%。[①] 而在各类财产中，金融财产和房产估值的影响是最大的，分布也是最不均等的。2002 年，人均财产最多的 20% 的人口拥有 52.36% 的房产，而人均财产最少的 20% 的人口则仅有 1.52% 的房产，两者的比率为 34.45:1，金融资产为 10.53:1；其他资产为 7.15:1；耐用消费品为 4.56:1。[②] 近年来，房地产的迅猛发展进一步加剧影响了我国居民的财富结构，根据经济日报社中国经济趋势研究院编制发布的《中国家庭财富调查报告》（2016）和《中国家庭财富调查报告》（2017）显示，2015 年在城镇家庭的人均财富中，房产净值的比重为 67.62%，2016 年，在城镇家庭的人均财富中，房产净值的比重上升为 68.68%。随着城镇住房估值差距的进一步拉大，房产估值的变化成为了城镇家庭财富分布不平等的重要原因，并对社会和经济发展产生了一系列负面的影响。

① 梁运文、霍震、刘凯：《中国城乡居民财产分布的实证研究》，载《经济研究》，2010 年第 10 期，第 37 页。

② 赵人伟：《中国居民财产分布研究》，载《中国经济时报》，2005 - 04 - 25。

在中国城镇居民收入分配关系中，低收入者同其他收入阶层收入差距的拉大，是总体上收入分配差距拉大的重要原因。根据研究，我国城市居民收入差距的“基尼系数”已达到合理值的上限，而且该数据是在各种岗位外收入、非正常收入难以准确估计的情况下做出的。如果把后者也算上，则计算出的实际基尼系数肯定要更大一些。由上可见，城镇居民内部差距之可观。

2. 农村居民内部收入差距

改革开放以来，农村居民收入分配差距经历了由逐渐扩大到逐渐缩小，再由逐渐缩小到逐渐扩大的过程。1978 年开始农村居民收入分配差距逐年扩大，1995 年达到第一个顶峰，基尼系数扩大到 0.34，比 1981 年扩大了 10 个百分点。1996 年以来，农村居民之间的收入差距有所缩小，1996 年基尼系数下降为 0.32，比 1995 年下降近 2 个百分点。随后差距开始逐年扩大，1998 年的基尼系数为 0.34，恢复到 1995 年的水平，[①] 根据中国国家统计局发布的《2004 年中国农村贫困状况监测公报》，2000 年的农村基尼系数达到 0.35，2003 年进一步扩大到 0.37，2004 年农村居民内部收入分配基尼系数为 0.3692，远超 1995 年差距水平。华中师范大学中国农村研究院发布的《中国农民经济状况报告》称，中国农村居民基尼系数在 2011 年已达到 0.3949。

农村居民内部收入差距拉大还体现在高、低收入户实际生活水平差距扩大。农村内部的高、低收入分化情况与城镇相似，但农村居民之间的收入差距大于城市居民之间的收入差距。根据国家统计的数据，按农户人均收入水平进行 5 等分分组（每组各占总户数的 20%），1999 年，20% 的高收入人口拥有 40% 左右的全部纯收入，到 2006 年 20% 的高收入人口拥有 44% 的全部纯收入。近年来，高、低收入组农户的收入比值的变化表现为波动中上升（见表 2 -7）。

---

① 胡日东、王卓：《收入分配差距、消费需求与转移支付的实证研究》，载《数量经济技术研究》，2002 年第 4 期，第 31 页。

表 2-7　农村居民人均可支配收入高收入 20% 与低收入 20% 收入比

年份（年）	2001	2002	2003	2004	2005	2006	2007	2008
比值	6.8:1	6.9:1	7.3:1	6.9:1	7.3:1	7.2:1	7.3:1	7.5:1
年份（年）	2009	2010	2011	2012	2013	2014	2015	2016
比值	8.0:1	7.5:1	8.4:1	8.2:1	7.4:1	8.7:1	8.4:1	9.5:1

资料来源：根据中国国家统计局编《中国统计年鉴》（2015、2016）相关数据计算。

从表 2-7 来看，中国农村居民内部的收入差距在扩大，中国农村居民内部的收入分配差距进入 21 世纪后总体上没有改善，且比城镇居民严重。

（二）城乡间居民收入差距

转型前后，我国的城乡居民收入差距处在一个起伏变动的过程中。改革之前，我国的城乡收入差距较为明显。改革开放后，城乡居民收入差距经历了由迅速缩小到逐渐扩大，由逐渐扩大到逐渐缩小的发展过程。

1. 转型期城乡收入差距的变动情况

（1）城乡收入比的变化

1978~1985 年，我国城乡收入比率逐年缩小，但从 1986 年起，我国城乡收入差距总体呈扩大趋势，中间有短暂回调，表现出阶段性波动扩大的特点，这一扩大趋势在 2007 年开始扭转，两者间的差距进入缩小阶段。从时间上看，收入分配差距的扩大与改革的深化不具同步性，具体来看，大致可分五阶段：第一阶段为 1978~1984 年，农村经济体制改革极大地促进了农村经济发展，农民收入迅速增加，而城市经济体制改革尚未全面展开，城镇居民收入变化不大，增长低于农村，结果城乡居民收入差距迅速缩小，城乡居民收入比由 1978 年的 2.57:1（以农村居民收入为 1），下降至 1985 年的 1.86:1；第二阶段为 1986~1994 年，城市经济体制改革全面展开，而农村经济体制改革几度陷于停滞，结果城乡收入差距急剧扩大，1992 年回升到 1978 年的水平，到 1994 年已升至2.86∶1，年均增长8.57%；第三阶段为1995～1997年，党和政府意识到城乡收入差距过大的严重性，采取了一些积极措施提高农村收入水平，使得城乡收入差距有所降低，由1994年的2.86倍下降至1997年的2.47∶1，年均下降4.55%；第四阶段为1998～2009年，1997年后城乡居民收入差距开始加速扩大，2007年和2009年均达到3.33∶1，为历史最高值，且如果考虑各种城乡居民的货币性和非货币性福利待遇差异，差距会比现有数据水平更大；第五阶段为2010～2015年，这一阶段为城乡收入差距的缩小阶段，经过几年的努力，城乡收入差距降到了3倍以内（见表2－8）。

表2－8　　1978～2015年部分年份城乡居民收入比值

年份（年）	1978	1980	1985	1986	1990	1991	1992	1993
城乡比	2.57∶1	2.50∶1	1.86∶1	1.95∶1	2.20∶1	2.40∶1	2.58∶1	2.80∶1
年份（年）	1994	1995	1996	1997	1998	1999	2000	2001
城乡比	2.86∶1	2.71∶1	2.51∶1	2.47∶1	2.51∶1	2.65∶1	2.79∶1	2.90∶1
年份（年）	2002	2003	2004	2005	2005	2006	2007	2008
城乡比	3.11∶1	3.23∶1	3.21∶1	3.22∶1	3.22∶1	3.28∶1	3.33∶1	3.31∶1
年份（年）	2009	2010	2011	2012	2013	2014	2015*	2016*
城乡比	3.33∶1	3.23∶1	3.13∶1	3.10∶1	3.03∶1	2.97∶1	2.73∶1	2.72∶1

数据来源：根据中国国家统计局编《中国统计年鉴》相关年份的城镇居民人均可支配收入与农村居民人均纯收入数据计算；*根据中国国家统计局编《中国统计年鉴2017》中城镇居民人均可支配收入与农村居民人均可支配收入数据计算。

（2）城乡收入增长情况

从绝对数额来看，城市居民人均可支配收入超过农村居民人均纯收入的绝对额不断上升。根据《中国统计年鉴2017》的数据，1978年城市居民人均可支配收入超过农村居民人均可支配收入的绝对数额为209元，2000年城市居民人均可支配收入超过农村居民人均可支配收入的绝对数额已增至4027元，2016年达到21253元。

从增长速度来看，自20世纪90年代，农民收入的年均增速总体上都低于城市居民。根据中国国家统计局编《中国统计年鉴》（2003～2017年相关年份）数据，自1997年以来，我国农民收入增长幅度连年下滑，由1996年的9%持续下降到2000年的1.9%，而同期城镇居民收入增长幅度一直保持在7%左右。到2002年，城镇居民收入增长为17.31%，而农村居民收入增长仅为2.88%，增速差距高达14.43%。其后，政府意识到这一问题，农民收入在经历连续多年的缓慢增长后，政府采取了一系列的有力措施，随着各种政策的效果开始显现，农民收入开始有了较快的增长，收入增幅开始回升。到2005年，农村居民纯收入比上年增长了10.8%，同期城镇居民可支配收入增幅为11.4%，虽仍旧高于农村，但差距幅度有所缩小。到2015年，农村居民纯收入比上年增长了8.9%，略高于同期城镇居民可支配收入8.4%的增幅，2016年农村人均可支配收入增幅（8.2%）依然略高于城市（7.8%），农村情况稍微有所改善。

（3）其他表现

恩格尔系数也从侧面反映出城乡居民在社会水平上的实质性差距。1978～2013年，农村居民恩格尔系数持续高于城镇居民，1993～2005年是差距比较大的一段时期，农村居民恩格尔系数持续高于城镇居民9个百分点左右，以2004年为例，农村居民恩格尔系数为47.2，城镇居民恩格尔系数则为37.7，之后两者间的差距有缓和，2013年农村居民恩格尔系数比城镇居民仅高出2.7%。[①] 中国社科院农村发展研究所发布的《农村绿皮书：中国农村经济形势分析与预测（2016～2017）》，也指出2016年的农村恩格尔系数下降，从侧面证明城乡居民收入差距有改善。

城乡居民收入差距还可以从存量财产观察中得到。城乡居民财产分布差距是一种组间差距，城镇居民拥有比农村居民高得多的房产价值、金融资产和耐用消费品价值。虽然城乡收入比值呈缩小趋势，但目前的

① 中国国家统计局编：《中国统计年鉴2014》，中国统计出版社2014年版。

水平在世界上仍是极为罕见的，根据世界银行的一份报告，在所提到的36个国家中，只有三个国家的城乡收入之比超过了2。从整体上来说，自20世纪80年代以来，城乡居民收入差距对中国收入差距整体水平的贡献率是最高的。综上，城乡居民收入差距状况有所缓解，但现有情况仍需进一步改善。

2. 转型期城乡收入差距的区域性特点

我国城乡居民收入区域分布差异明显，尤其引人注意的是，除东部沿海地区的城乡差别相对较小之外，各省内都存在着显著的城乡差别。在居民家庭可支配收入较高的省份中，东部沿海省份占了大多数。此外，一些东部沿海省份的农村居民家庭人均可支配收入接近甚至超过某些中、西部地区的城镇居民家庭可支配收入。从不同经济带发展趋势来看，四个经济带的城乡收入差距的发展趋势总体一致，均在逐渐缩小，中、西部的缩小幅度高于东部，目前城乡收入差距最大的地区为西部地区。但经济带之间的城乡差距远高于经济带内部，即东部城镇居民的人均可支配收入与西部农村居民人均可支配收入的比值远高于经济带内部的水平，虽然也在缩小，但2016年依然在4倍水平上（见表2－9）。

表2－9　2005～2016年部分年份东、中、西、东北城乡居民收入比值

年份（年） 区域	2005	2010	2011	2012	2013	2014	2015	2016
东	2.83∶1	2.86∶1	2.75∶1	2.74∶1	2.63∶1	2.58∶1	2.57∶1	2.56∶1
中	2.98∶1	2.90∶1	2.81∶1	2.78∶1	2.52∶1	2.47∶1	2.46∶1	2.45∶1
西	3.69∶1	3.58∶1	3.46∶1	3.42∶1	3.01∶1	2.94∶1	2.91∶1	2.88∶1
东北	2.58∶1	2.48∶1	2.35∶1	2.35∶1	2.41∶1	2.37∶1	2.38∶1	2.37∶1
东城：西农	5.62∶1	5.27∶1	5.03∶1	4.92∶1	4.19∶1	4.09∶1	4.03∶1	4.00∶1

数据来源：根据国家统计局编《中国统计年鉴》（2015、2016、2017）数据计算。

由上述分析可见，我国的城乡居民收入差距具有明显的区域性特征，这与中国城乡经济与区域经济发展的特殊过程是密切相关的。

五、转型期产业间居民收入差距的变化

在我国不仅存在三大产业之间的从业人员收入差距，从各大产业内部的细分行业来看，收入差距也很可观，这些收入差距也在随着时间的推移发生变化。

（一）产业内居民收入差距

由于个人拥有的劳动能力和生产要素的不同导致劳动贡献存在差异性，在产业内部的各职位群体之间收入差距也显著存在。在公有制企业中工作的经营管理者，与普通职工间存在很大的收入差距，因为他们能大量地从工资外获得决策收入、风险收入和机会收入等多种收益。在私营企业和“三资”企业中，雇主、管理人员与一般员工的收入差距比较悬殊。如 21 世纪初，外资企业里中方管理人员的年平均收入就是普通员工的 10 倍左右。此外，行业内不同职位的普通员工间的收入差距也十分惊人，以电子、电信产业为例，隶属其细分行业的手机业中，研发、销售序列薪酬水平显著高于其他职位序列，中层管理岗位薪酬最高的岗位包括：手机产品设计经理、研发经理、软件开发经理、项目管理经理、销售经理、系统工程经理等，明显高于其他职位（如财务、人力资源、行政、信息技术、市场等职能序列中的普通职员）。另据专家介绍，房地产业高管人员的薪酬水平与企业项目开发的数量、项目规模以及档次高低直接挂钩，和企业规模、性质也有莫大关联，因此房地产行业高管薪酬差异也很大。

（二）产业间居民收入差距的变化

不同行业的从业人员存在显著的工资差异，20 世纪 90 年代，我国各行业就业者收入水平都有较大的提高，但提高的程度各不相同，各行

业职工收入的高低位次发生了明显的变化。

1. 行业间平均工资差距的基本情况

20 世纪 90 年代以来，不同产业及产业细分行业之间的工资水平差距呈先扩大后缩小的趋势。据统计年鉴的相关数据，2002 年平均工资最高的行业的年人均工资与平均工资最低的行业的年人均工资的比值为2.99 倍，2003 年迅速扩大到4 倍以上，根据城镇单位就业人员平均工资数据来看，2006 ~2010 年行业收入差距略有缩小，但仍维持在 4 倍差距这一较大的水平上，2012 年开始降到 4 倍以下（见表 2 -10）。最高平均工资主要出现在两个行业，一个是信息传输、软件和信息技术服务业，另一个是金融业，最低平均工资的行业十分稳定，一直为农林牧渔业。此外，基于统计年鉴的数据，城镇私营单位平均工资的行业差距要低于这一水平，2015 年私营单位的行业平均工资差距约为 2 倍。

表 2 -10 最高工资收入行业与最低工资收入行业差额与比值

年份（年）	1978	1985	1988	1990	1995	2000	2001	2002	2003	2004	2005
比值（倍）	2.17	1.81	1.58	1.76	2.23	2.60	2.86	2.99	4.49	4.46	4.73
差额（元）	458	629	745	1177	4321	8294	10696	12737	25275	27377	30592
年份（年）	2006	2007	2008	2009	2010	2011	2012	2013	2014	2015	2016
比值（倍）	4.69	4.40	4.37	4.21	4.20	4.17	3.96	3.86	3.82	3.59	3.64
差额（元）	34166	36853	42346	46042	53429	61640	67056	73833	79917	82830	88866

资料来源：根据中国国家统计局编《中国统计年鉴（2001、2003、2016、2017）》，1978 ~2002 年基于按行业分职工平均工资数据计算，2003 ~2016 年基于按行业分城镇单位就业人员平均工资相关数据计算。

2. 行业生存状况差异导致行业收入差距

我国不同行业的生存状况存在明显的不平衡性，即行业的生产经营状况、经济效益等均会影响其职工的收入，进而导致行业间收入水平的差距。新兴产业，如 IT 电子等行业，收入状况良好，而一些依靠财政补助的基础性行业（如农林牧渔业和地质水利业等）和一些充分竞争性行业（如社会服务业、餐饮业和建筑业等）由于补贴减少和利润下降，从业人员收入减少。据国家统计局《中国统计年鉴》（1991、2007、2016、2017）数据显示，1990 年收入最高的三个行业是采掘业、水电煤生产供应业和地质勘探水利业，收入最低的三个行业分别是农林牧渔业、批发零售贸易/餐饮业、制造业；2006 年变为信息传输/计算机服务/软件业、科研/技术服务业、金融业最高，最低的三个行业为农林牧渔业、住宿和餐饮业和建筑业。2015 年，金融业、信息传输/软件/信息技术服务业、科学研究/技术服务业位列平均工资前三，农林牧渔业、住宿和餐饮业、水利/环境和公共设施管理业最低，2016 年的情况基本与 2015 年相同，仅收入最低的行业中水利/环境和公共设施管理业调整为居民服务、修理和其他服务业。

在薪酬增幅方面，和 1990 年相比，2000 年房地产业、金融保险业和技术服务业收入增幅最高，分别达到 470%、542% 和 466.8%，农林牧渔业和采掘业增幅最低，仅为 236.4% 和 206.8%，其他行业增幅在 250% ~400% 之间。对 2006 年房地产、证券、高科技、医药、快速消费品行业的薪酬调查显示，高科技行业、房地产业薪酬增幅继续领先；证券、医药行业薪酬呈稳定之势；快速消费品行业薪酬增长显著。2006 年房地产总体薪酬较 2005 年增长 16.8%，增长幅度在各行业中处于领先地位，但与 2004 ~2005 年度总薪酬平均增长 17.9% 的幅度相比，略有下降。高科技企业整体薪酬呈稳步增长之势，增长率为 9.3%，其中软件和互联网（含游戏）行业增幅较大。2006 年快速消费品行业薪资呈现全方位增长，高层人员薪酬增长率更是高达 32%。[①] 根据《2016 年

---

① 美世人力资源咨询公司：《2006 年中国大陆地区整体薪酬调研报告》，载《美世人力资源咨询网》（http://cn.mercer.com/），2007 年 1 月 8 日。

全行业薪酬报告》，2015年薪酬涨幅前三的行业为金融、软件/互联网、批发/贸易，涨幅分别为13.2%、10.5%和9.2%，2016年，薪酬涨幅前二的行业为金融、软件/互联网，涨幅分别为9.4%和8.6%，批发/贸易、家具/家装紧随其后。根据看准网、BOSS直聘发布的数据信息，2017年上半年，行业薪资涨幅最高的3个行业为IT/互联网、金融、广告/传媒/文化，涨幅分别为4.30%、3.71%和2.73%。薪酬涨幅差异在客观上也对行业间的收入差距造成了影响。

3. 行业市场结构差异导致行业收入差距

市场经济体制建立后，不同行业必然表现出市场结构的差异性，也必然对行业收入水平产生重要的影响。事实上，这种行业间发展的不平衡的确导致了行业收入差距的存在，其中垄断性行业收入水平偏高的问题尤其突出。

（1）垄断行业的高额利润

垄断行业的高额利润是高收入的经济基础。少数垄断性行业凭借其市场垄断地位攫取高额利润，并以此为基础在收入分配方面过分向个人倾斜，从而获得了远高于社会平均水平的收入，如金融、邮电通信等垄断性经营行业随着市场经济的发展，业务量突飞猛进，获得了高额利润，并把其中一部分以不同形式分配给职工，2016年，农林牧渔业年平均工资收入达到了33612元，而具有垄断特点的信息传输业则高达122478元，金融业也达到117418元，[①] 其中的差距十分惊人。这种垄断利润为基础的倾向性分配导致信息传输、保险、烟草、水电气的生产和供应、房地产、民航、科研技术等行业职工的收入，要普遍高于农林牧渔、居民服务和修理、住宿和餐饮、水利/环境和公共设施管理、建筑等行业。事实上，随着各种利益群体的利益需求与满足途径也日益多样化，收入较高的行业，未必是因为它们对社会贡献较大或经营科学合理，而在很大程度上是由于它们占据着较多的公有投资和有利的垄断地

① 中国国家统计局编：《中国统计年鉴2017》，中国统计出版社2017年版。

位所致，这种性质的收入分配差距是十分不合理的，是我国收入分配调节的重点范围。

（2）垄断行业的补贴

垄断行业的补贴是高收入的结构基础。从薪酬结构方面分析，这些垄断行业的基本月薪只处于市场的中等偏下水平，其高额的各类补贴收入和一些固定奖金项目是造成垄断行业与一般行业差距的最主要原因。“一个电力行业的抄表工年薪可以达到10万元”；“某银行平均工资8.8万元，是城市社会平均收入的近5倍”，关于垄断行业薪酬内幕的声音不绝于耳。这些行业从业人员从本身的劳动价值来说是不应获得如此之高的收入的，其基本月薪水平也不支持这种不合理的收入水平，但垄断行业特殊的市场结构特点和其不合理的收入结构使这种不合理的收入水平成为现实，造成了行业间极度明显的收入差距。

4. 特定行业的高收入导致行业收入差距

在某些特定的行业里，由于从事特殊的职业，从业人员获得了较高的收入。如某些歌星、影视明星、球星、部分个体工商户、房地产开发商、外资企业里的中方高级雇员等，获得的收入非常丰厚。这部分社会成员的可观收入在一定程度上扩大了行业间收入差距的水平。

六、转型期不同所有制企业收入差距的变化

随着市场经济的发展，传统计划经济条件下那种比较简单的社会收入分配和利益关系已被改变。由于不同经济成分的存在，不同的分配方式也成为影响收入差距的一个因素。

（一）公有制经济单位职工与非公有制经济单位职工的收入差距

我国非公有制经济单位职工与公有制经济单位职工的分配差异一直存在。从有关统计数据中我们可以看到，转型期不同性质的企业从业人

员工资收入差距的变化情况。

1. 国有经济单位职工与非公有制经济单位职工的收入差距

由于企业运行机制、产权关系、经营效果等多方面因素的影响，国有经济与其他非公有制经济单位之间职工工资差距出现了变化，主要经历了两个阶段（见表2－11）。

第一阶段，2005年以前，其他所有制经济职工工资收入高于国有经济职工工资收入。在这一阶段，国有经济和集体经济主要实行按劳分配方式，而私营经济、外资经济等非公有制经济主要实行按生产要素分配。这些单位的某些成员，通过资本、技术、管理等生产要素参与分配获得比一般劳动者高得多的收入。而且由于存在国有企业亏损现象，全国甚至有上百万的退休职工不能按时、足额领到退休金。

第二阶段，2005年至今，国有单位职工收入超过了其他所有制单位职工的收入。这是因为，一方面，随着国有企业改革的深化和初见成效，国有企业的经济效益不断提高，在职工收入分配方面开始具备较好的经济基础；另一方面，国有企业改革使职工分配制度更科学、更合理，有力促进了企业的发展，为国有企业职工收入水平的提高提供了制度保障。

2. 城镇集体经济单位与非集体经济单位职工的收入差距

我国不同所有制单位的分配方式存在着许多差别，城镇集体经济单位职工与非集体经济单位职工的收入差距也一直存在，这种收入差距具体表现为：集体企业职工的工资收入较低，远低于国有企业职工和其他所有制企业职工。1985年，集体单位职工的年均工资收入与国有企业单位、非公有制单位职工年均工资收入的绝对差距分别是246元和469元，到2005年为8030元和6961元，2015年为18689元和14299元，绝对差距一直在持续扩大（见表2－11）。事实上，城镇集体经济单位职工的平均工资与国有企业和其他所有制单位相比，在三者中最低。但从收入比来看，城镇集体经济单位职工的平均工资与其他所有制单位的比值虽然在20世纪90年代出现了一个迅速拉大的过程，但自2002年起，有持续改善，与国有企业相比的情况，近年来也有好转，不过2015～2016年，国有企业的工资收入再次开始出现和其他两种类型的企业拉开差距的苗头。

表2－11　不同所有制企业职工平均工资收入差距比较　单位：元/人

项目 年份（年）	国有 ①	城镇集体 ②	其他 ③	①与③ 差额	②与③ 差额	①与② 差额	比值
1985	1213	967	1436	－223	－469	245	1.25：1：1.49
1990	2284	1681	2987	－703	－1306	603	1.36：1：1.78
1995	5553	3934	7728	－2175	－3794	1619	1.41：1：1.96
2000	9441	6241	11238	－1797	－4997	3200	1.51：1：1.80
2001	11045	6851	12437	－1392	－5586	4194	1.61：1：1.82
2002	12701	7636	13486	－785	－5850	5065	1.66：1：1.77
2003	14358	8627	14843	－485	－6216	5731	1.66：1：1.72
2004	16445	9723	16519	－74	－6796	6722	1.69：1：1.70
2005	18978	11176	18362	616	－7186	7802	1.70：1：1.64
2006	21706	12866	21004	702	－8138	8840	1.69：1：1.63
2007	26100	15444	24271	1829	－8827	10656	1.69：1：1.57
2008	30287	18103	28552	1735	－10449	12184	1.67：1：1.58
2009	34130	20607	31350	2780	－10743	13523	1.66：1：1.52
2010	38359	24010	35801	2558	－11791	14349	1.60：1：1.49
2011	43483	28791	41323	2160	－12532	14692	1.51：1：1.44
2012	48357	33784	46360	1997	－12576	14573	1.43：1：1.37
2013	52657	38905	51453	1204	－12548	13752	1.35：1：1.32
2014	57296	42742	56485	811	－13743	14554	1.34：1：1.32
2015	65296	46607	60906	4390	－14299	18689	1.40：1：1.31
2016	72538	50527	65531	7007	－15004	22011	1.44：1：1.30

注：①与③差额＝①－③；②与③差额＝②－③；①与②差额＝①－②。

资料来源：根据中国国家统计局编《中国统计年鉴》（2006、2014、2016、2017）相关数据整理计算。

（二）体制内职工之间收入的分化

在我国，除了城镇集体经济单位与国有单位职工在平均工资方面存在明显的差距之外，体制内职工之间存在的收入分化也很容易观察得到，常常表现为由于企业类型、职工岗位的差异带来的差距。

1. 国有企业内部的收入分化

部分中央企业集团的平均工资比城镇同类非私营单位的平均工资要高，根据网易财经统计，2012 年中央企业在金融业、水电气生产和供应业、采矿业、交通运输/仓储/邮政业、制造业、房地产业、建筑业等行业的平均工资均大幅高于城镇同类非私营单位。同时，部分中央困难企业又存在着欠发工人工资的现象，主要是军工企业和一些施工企业，职工工资水平偏低。此外，中央企业主要负责人的收入与普通职工的薪酬差距也尤其显著，2015 年前，企业领导阶层收入与职工平均工资之比，大体控制在 12 倍左右。随着中央企业负责人薪酬将由基本年薪和绩效年薪两部分构成，调整为由基本年薪、绩效年薪、任期激励收入三部分构成，这一比值会控制在 7 到 8 倍。

2. 体制内职工间非正式的收入分化

受市场化改革的影响，在体制内的单位中，职工之间的收入分化也随之出现。不过，这种分化目前并不表现在职工正式的、公开的收入上，而是表现在职工的非正式的、不公开的收入方面。比如，企业家在正式的、公开的收入上，与普通职工差别较小，其差别主要是在非正式的、不公开的收入方面。又如，一部分职工有单位外的收入，职工单位内的工资差别不大，但单位外的收入差别却很大。再如，一些职工收入构成多元化，获取收入手段多元化，除了工资外还有利息收入、炒股收入、经营收入、出租房屋收入等，这样，一部分职工获得了非正式的、单位外的、多元化的收入，他们与未获得这些收入的职工之间出现了分化，拉开了收入差距。由此可见，体制内职工收入的分化，并非职工正式的工资收入的分化，而是表现为受体制外市场因素干扰出现的分化，这是一种市场影响从体制外向体制内逐步渗透的结果。这种影响是通过非正式收入的途径产生的与职工所在单位的所有制性质并无直接关系。

第三节 转型期居民收入差距的特殊性

收入分配是国民经济和社会发展的综合反映。马克思主义经济学理论认为，一定的分配形式是以一定生产条件的社会性质和当事人之间一定的社会关系为前提的，特定的分配关系只是特定的生产关系的表现，所以转型期这一特殊背景所对应的是特殊的收入分配关系，这种特殊的收入分配关系决定了转型期中国居民收入差距问题方方面面的特殊性。

一、背景的特殊性

（一）文化背景的特殊性

中国是一个拥有悠久历史的文明古国，有着灿烂的文明和丰富的文化遗产，这些得力于稳定发展的封建统治基础，但凡事有利必有弊。在长达千年的封建社会中，自然经济长期占统治地位，这一经济发展背景对我国的文化产生了巨大的影响，尤其小农经济思想根深蒂固，造就我国居民对收入差距较强的心理排斥和群体对立情绪。

由于经济转型，我国贫富差距在极短的时期内迅速拉开，短短十几年间，就从改革前的平均主义盛行，变成了超过国际上收入差距中等水平的状态。这样巨大的变化在全世界也是不多见的，同时也挑战着我国居民对于收入差距的承受能力。虽然我国目前的收入差距在国际上还不是最严重的，例如非洲、南美洲的某些国家基尼系数高达0.5以上，有的甚至超过了0.6，但不同的民族对于贫富差距的承受力是不一样的。像上述的这些高基尼系数国家，由于历史传统、文化模式等原因，居民可以承受巨大的贫富差距的压力。然而就中国的状况而言，长期以来人们已习惯于平均主义的分配制度，历史上中华文化中的“不患寡而患不均”的观念根深蒂固，收入分配长久以来的严重差距未得到根本改善，对于中国居民的心理已构成很大的压力。最近几年，基尼系数的下降为收入差距的调整带来了曙光，但这是否能够持续，最终实现我国收入差距合理化，影响着我国居民对于贫富差距的承受力和引发各种社会问题的可能性。对此我们应有充分的认识。

（二）经济背景的特殊性

我国的经济转型是在一个特殊的经济背景下进行的，这种特殊的经济背景影响了我国转型进程中的方方面面，从而也决定了我国转型期居民收入差距必然具有某些特殊性。

第一，新中国的经济发展脱胎于一个半殖民地半封建社会，经济基础薄弱。中华民族的经济史是一部不断发展和进步的历史，但其间有严重曲折。新中国成立前，中国的经济是日益凋敝，即使建立了新式工厂、修筑铁路等，也只是反映半殖民地化的加深；商业、银行的繁荣则是属于“畸形发展”；民族工业虽有初步发展，亦必迅即陷入“破产半破产”的境地，甚至曾损失1/3人口。由于从建国到经济体制转型前，无论从人口还是产业结构的演变来看，或是从自然经济的分解和商品经济的发展来看，中国经济基础的薄弱性一直是中国经济发展的重大阻力。也正是因为此，我国在转型期对经济发展效率的追求一直是国家发展中的重中之重。

第二，中国工业化道路立足于农业基础，建立中国现代工业社会必须解决农民问题。世界发展的历史表明，工业化的最初进程实际上是由农业来推动的，工业化水平很大程度上是农业劳动生产率的函数。中华人民共和国成立初期，中国工业在国民经济中比重低，农业一直占据主导地位，农业和手工业占了国民经济的90%左右，这是中国的特点。农民是中国人口的主要构成部分、中国工业市场的主体、中国经济发展的重要力量。中国农民问题对于中国的前途来说是一个基本问题，如何解决农民问题是工业化至关重要的部分，不解决该问题，中国的工业化就不能完全成功。因此，从农业社会向工业社会转型是一个艰难的任务，必然要有一个推进城镇化，将农村人口转变为城市人口的长期过程。

受到客观因素的影响，发展工业被定为实现现代化的首要任务，为了尽快建立一个独立的民族工业体系、实现工业化的目标，中国的具体设想是通过发展城市工业来吸收农业过剩人口，农民充当新兴工业的劳动后备军。这与西方一些发达国家实现现代化的历程是基本一致的，带有西方国家工业化、城市化发展的特点。但由于缺乏经验，中国早期的工业化没有得到科学的、切实可行的工业规划总体上的指导。出于迅速建立一个独立完整的工业体系的考虑，中国工业化的初始不是先发展轻工业，而是以发展重工业为起点，以重、轻、农为序来推进工业化，这是后发现代化国家的工业化发展模式，也正是这种工业化发展模式至今仍然影响着中国的收入分配状况，形成了影响居民收入差距的众多因素的历史根源和政策基础。

第三，我国经济体制的历史跳跃性导致经济转型缺乏市场基础和市场发展经验。20世纪40年代后期，随着新民主主义革命的不断胜利，新中国的诞生已为期不远。新中国成立前夕，党在对新民主主义新中国成立方案进行完善和具体化的过程中，明确提出了新民主主义社会应当实行计划经济的方针。经过了为期不长的社会主义改造后，我国从半殖民地半封建社会直接进入了社会主义社会，通过实行地方性和局部性的计划经济，为逐步实现全国性和全面性的计划经济取得了实践经验和创造了若干前提条件，并最终建立了一个跳跃了资本、市场发展阶段的、完全摒弃市场的、高度集权式的计划经济国家。自我国建立了完全的、中央集权式的计划经济模式后，计划经济元素在长达四十多年的时间里对中国的经济发展产生了全面、深刻的影响。这就是我国经济转型的经济环境、经济基础和经济体制背景。可以说，这样一个国家的经济体制转型从一开始就是毫无市场基础的，也没有任何市场发展的经验。这一切都决定了我国的市场经济体制转型必然是一个艰难的过程，在这个过程中各种实践上的偏差无法避免。摸索式的发展必然会带来经济转型中的各种“试错成本”，这种“试错成本”既有经济成本，也有社会成本，在转型期迅速扩大的居民收入差距即是其中之一。

二、扩大过程的特殊性

贫富差距历来是备受关注的问题，因为它涉及到每个国民的利益。社会公平与贫富差距这个问题在当今中国之所以为社会成员所普遍关注，根本的原因并不仅仅是贫富差距的存在日趋不合理，同时也与中国贫富差距形成过程的特殊性有关。对收入分配领域中存在的各种问题，尤其是关于收入差距的扩大过程，我国理论界进行了长期的研究。

（一）合理和不合理的收入差距扩大并存

通过对我国收入分配的长期变动趋势的分析发现，我国收入分配的格局已大大不同于经济改革的初期，也明显不同于20世纪80年代后期的情形，收入差距的扩大过程表现出我国特有的特点，不同差距的合理性不同即为其中之一。

1. 合理的收入差距

中国贫富差距扩大在一段时期内是具有一定的历史合理性的，是生产率差别所导致的、本应存在的收入差别经历了长期计划经济体制的压抑后的释放，主要表现在两个方面。其一，经济的发展与社会的进步在一定程度上促成了贫富差距的扩大。经济的发展使得一些新的经济板块迅速成长。例如，改革开放以后，农户的非农收入得到了快速增长，这是导致农村内部收入差距扩大的一个重要因素。社会的进步则使得社会成员的个性意识逐渐觉醒，相应地，个人的潜力得到了极大的开发。而人与人之间在潜力方面的差别极大，这种个人能力的差别同按照贡献分配的结合使得社会成员在收入方面逐渐拉大了距离。其二，伴随市场经济体制的推行而出现的贫富差距扩大。对于中国这样一个市场经济从无到有的国家来说，市场经济体制的建立是一个逐步、长期的过程。在市场经济建立的各个具体阶段，不同社会群体的获益程度极不相同。比如，在金融领域市场化的初期阶段，许多人靠投资外汇、债券、原始股票而一举跻身富裕阶层。从一定意义上来讲，谁与市场化过程能保持着同步的关系，谁就有可能率先富裕起来。既然中国的贫富差距在很大程度上是同历史发展的合理性相关联的，那么对此应当客观地予以承认，而不宜一概在道义上予以否定和谴责。

2. 不合理的收入差距

从实现收入分配效率的角度来说，市场机制是主要的收入分配机制，也是合理的机制。但收入分配领域是一个复杂的领域，理论上合理的收入分配机制在经济制度不完善的背景下，也会产生不合理的结果。在进入市场经济的快速发展期后，中国制度建设跟不上经济发展，加上国情复杂，经济、社会领域均存在许多不平等的竞争，对收入分配的负面影响开始显现，出现了贫富差距的幅度过大、扩大速度过快等不合理性。

其一，对于高收入群体缺乏合理的、必要的限制。理论上，国家通过健全的税收制度，可以缓解贫富差距过大的问题，但是目前中国的税收制度并不健全。根据有关研究，20 世纪 90 年代后半期左右全国平均年流失的各类税收就已达到 5700 亿元 ~6800 亿元，占国民生产总值的 7.6% ~9.1% 。[①] 近年来，逃税、漏税、骗税、抗税、欠税、避税、非法税收优惠减免和征税人违规等均时有发生，导致国家税收的严重流失，一方面使一部分人的财富迅速增大，另一方面又使国家损失了必要

① 胡鞍钢：《腐败与社会不公——中国 90 年代后半期腐败经济损失的初步估计与分析》，载《江苏社会科学》，2001 年第 3 期，第 52 页。

的再分配的能力，不利于有效地援助弱势群体，控制贫富之间的差距。

其二，各种非法收入导致的居民收入差距。由于市场化推进过程中经验欠缺，出现了制度建设的薄弱环节。在实际情况中，除了合理的收入分配机制外还存在许多不合理的收入实现机制，导致我国一直存在很多非法收入渠道，这些非法收入性质恶劣、数量庞大，包括权力寻租、地下经济、黄赌毒等，所形成的收入差距在性质上也是恶劣的，将会严重影响经济的健康发展和社会的正常秩序。

其三，经济领域当中存在着许多不平等的竞争。一些部门、行业甚至是一些个别的社会成员，能够通过垄断经营获得垄断利益或高额利润。在全国分行业收入的统计中，垄断性行业人员的收入稳居前几名，如航空运输业、管道运输业、邮电通信业、电力部门等等。甚至连一些社会公共事业部门，如某些公共教育机构、某些公共医疗机构也存在利用行业垄断的地位而索取高额利润的情况。

这些合理的、不合理的居民收入差距同时存在，共同影响了中国居民收入差距的扩大过程，决定了中国居民收入差距的复杂性和特殊性。

（二）贫富差距和平均主义存在阶段性并存

转型期收入差距问题的复杂和特殊还体现在，体制的新旧更替带来了贫富差距和平均主义阶段性并存的两难困境，即一度出现了“体制内平均主义分配”和“体制外收入差距过大”同时存在的情况。这种情况又导致了收入分配领域既有因收入差距拉得过大引起人们不满的一面，也有因平均主义盛行阻碍劳动积极性的一面。因此，对于贫富差距、平均主义的研究首先是要认清收入分配的现状到底如何。

调查显示，大众对于我国收入差距拉大的现状，从 20 世纪起就有着深刻认同。根据 1997 年 10 月中华全国总工会做的一次全国调查（有效问卷五万多份），我国职工中有 90.4% 的人认为目前收入分配差距较大或很大，仅有 7% 的比例认为差距适中。进入 21 世纪，居民对收入差距的问题更加敏感，无论是城乡间还是行业间，无论是分配格局还是分配制度，各个领域由收入差距带来的矛盾不断增多。由此可见，差距确实是目前我国收入分配问题的主要方面，但这并不排除我国收入分配上还存在着另一方面的问题，即平均主义依然存在的问题。

我国的平均主义有较长时期的历史传统，即使改革后在国有企、事业单位内部平均主义的分配方式也一度十分普遍。差距过大与差距过小两种极端相反现象并存与我国市场转型有着密切的联系。实际上，单位内的平均主义主要是由于市场发展不充分造成的，也可以说是反映了经济转型的阶段性。市场体制进入城市，其影响也不是一步到位的，体制内单位的平均主义问题，基本上出现在这些单位市场化程度较低时，主要是由于这时单位内的劳动力难以流动，自然也就不能形成市场价格，最终造成了均等化的工资水平。当然，市场化和工资制度的调整最终还是会推动国有企、事业单位逐渐打破这种弊端。

与造成普通职工工资均等化的影响相比，平均主义对企业经营管理阶层收入的影响并不相同。在国有企业改革之前，从表面数据来看，中国企业家的工资水平较低，其实不然，作为中国高收入阶层代表的中国企业家的实际收入恐怕远高于工资水平。但是，企业家合法的收入确实属于较低的水平，这种现象的原因是复杂的，一方面，由于中国传统文化的影响，自古以来“不患寡而患不均”的思想一直存在，因而对内有一种平均主义的压力，如果有人收入明显高于其他人，此人势必受到单位内其他人员的抨击；另一方面，单位的上级主管部门也会对企业家形成压力，特别是国企上级主管部门的官员往往以自己的收入为参照系，给企业管理人员规定严格的工资限额。不合理的分配方式导致了严重的问题，为了提高自己的收入水平，“权力寻租”成为不少经营管理者的必然选择。所以，在我国出现了一种怪现象：一方面，企业家的合法的收入过低，即国家承认的管理、经营交换来的报酬过低，维持这种报酬的代价是失去企业家的责任感，低工资水平换来的只能是企业家普遍的责任感弱化与不负责任；另一方面，企业家实际的“灰色收入”并不低。但是后一种收入却并不能带来企业家的高责任感，反而带来了不满情绪。[①] 可见，这种不合理的“平均主义”使得企业经营管理阶层的收入不能趋于透明化，不仅实际扩大了居民收入的不合理差距，而且助长了“权力寻租”的不良风气。国有企业体制改革后，薪酬制度也得到了调整，但这并没有完全消弭收入分配领域的各种不合理现象，又出现了年薪制导致的管理层收入过高，与普通职工收入差距过大的情况。可以说，在我国体制转型的过程，收入分配领域受到的影响会导致什么特殊现象是很难预测的。

三、收入差距性质发展趋势的特殊性

中国经济转型的性质十分特殊，我国经济体制改革的目标是建立社会主义市场经济体制，走的是一条有中国特色的改革道路，既没有现成理论指导，也没有前人的经验可借鉴。在经济转型的过程，如何把握住立场、原则，坚定地走社会主义的道路是经济改革的重要内容。摆在我们面前的是两种截然不同的倾向，也正因为此，收入分配领域受到了巨大影响，使我国现阶段的居民收入差距表现出一种特殊性，即收入差距性质发展趋势的多样性。

（一）实现“共同富裕”是发展主线

实现“共同富裕”是社会主义社会本质的要求，是中国经济建设的最终目标。社会主义比资本主义制度优越的一个显著特征就是社会更加公平，这种公平不仅是过程公平，也是结果公平。结果公平集中体现在共同富裕上。共同富裕反对平均主义，也反对两极分化；从公平和效率方面来说，共同富裕是公平与效率的有机结合。生产力的发展能为共同富裕创造条件，但共同富裕只有在社会公平的基础上才能实现。社会主

① 李强：《中国的贫富差距与市场转型》，载《中国特色社会主义研究》，1999 年第 6 期，第 38 页。

义之所以能够公平地分配社会财富，不使财富被少数人占有，从根本上说，是因为公有制的主体地位起着保障作用。

在社会主义社会，个人收入实行按劳分配的原则，这是由客观经济条件决定的。首先，社会主义生产资料的公有制是实行按劳分配的前提条件。其次，在社会主义社会，旧的分工还没有消失，劳动还存在着重大差别，劳动还是谋生的手段和实行按劳分配的直接原因。最后，社会主义生产力发展水平是实行按劳分配的物质条件。在社会主义市场经济条件下，实行按劳分配和按生产要素分配相结合的分配制度，个人收入之间必然会产生一定差距，但不能因收入差距的存在而否定按劳分配。社会主义社会实行按劳分配具有客观必然性，是不以人们意志为转移的客观经济规律。同时，共同富裕是社会主义的最终目标，公平的收入分配是社会主义市场经济的内在要求，是构建社会主义和谐社会的要求。为此，必须解决收入差距过大的状况，如果放任居民收入差距无控制地发展、扩大，中国同样也可能偏离“共同富裕”的道路而走入两极分化。当前为了防止收入分配差距过分拉大，政府作出了积极的努力，包括不断推进收入分配制度的改革，大力整顿和规范分配秩序，加大收入分配调节力度，并在近年来取得了一定成果。可见，无论是实行计划经济还是市场经济，只要坚持社会主义的本质不改变，中国的收入差距问题是能够控制并最终解决的，是朝着最终实现“共同富裕”的方向前进的。

（二）存在“两极分化”的可能性

我国现阶段的居民收入差距已经呈现出了阶层化的新特点。随着民营科技企业的创业人员和技术人员、受聘于外资企业的管理技术人员、个体户、私营企业主、自由职业人员等新的社会阶层的出现，中国的社会阶层趋于复杂化，而且收入分配制度的改革带来了分配方式的多元化，与此相应的收入分化已是客观事实。

许多数据表明，当今中国富裕阶层确实已经形成。根据调查，构成富裕阶层的主要是一部分私人企业主、外资企业高级雇员、非金融机构和房地产开发机构的项目经理、一部分个体工商户、部分企业承包者和技术入股者、著名歌星、影星、时装模特、作家、运动员、少数律师、经纪人、广告人、会计师、一些经常评审鉴定的专家人士和政府官员等，这些人员的年收入少则数十万，多则上千万，甚至更多。同时由于经济发展不平衡和市场机制的作用，已经出现了一个新的贫困阶层。贫困阶层的主体首先是生存在农村贫困地区的贫困农民，其次，城市贫困人口已成为新贫困阶层的重要组成部分。且这些富裕阶层和贫困阶层已经存在“代际传递”的趋势。可见，如果居民收入差距问题得不到很好的解决，那么中国也是有可能陷入“两极分化”的困境的。就此而言，我国作为一个发展中国家，无论是综合国力，还是人均生活水平都尚有待发展和提高，因而经济、社会的承受能力还十分有限，必须警惕走入两极分化的风险。

第三章

影响转型期中国居民收入差距的一般性因素

收入分配差距是一个普遍存在的现象，无论国家是什么经济体制、处于什么发展阶段都可能出现。造成收入差距的原因是多方面的，尤其是像中国这样处于经济转型的特殊时期的国家，贫富差距的形成自有其特殊的原因，但是有一些因素在诸多的影响因素中是常规性的，包括自然禀赋、历史因素以及发展市场经济在本质上必然会带来的一些影响。这些一般性、基础性因素决定了中国转型期居民收入差距产生的必然性和阶段性。

第一节　影响转型期居民收入差距的自然、历史因素

在所有的影响因素中，自然因素和历史惯性的作用是最具有普遍性和一般性的，在一定意义上甚至可以说是起着某种初始的、基础性的作用。瑞典经济学家缪尔达尔提出过一个用于说明一国经济非均衡发展的累积因果循环原理。假设最初一个国家各地区的收入水平和利润率都相差无几，如果其中一个或几个地区因优越的自然条件或历史偶发事件或国家的政策倾斜而开始出现增长，就会出现经济发展差别和居民收入差距。这种“差距”逐渐发展成为对各种要素的吸引力，使劳动力、资本

纷纷从发展落后地区流向发展迅速地区。经过一段时间的积累，发达地区形成了经济发展和收入水平良性累积的因果循环；另外，落后地区则会陷入恶性因果循环。即经过经济发展的历史累积，初始条件进而形成因果循环，导致了各种收入差距不断扩大。这个理论对解释我国某些方面收入差距的形成是有一定适用性的。事实上，我国历史上长期存在的城乡、地区等居民收入差距都受到该经济发展规律的影响，都与累积因果循环效应有一定关联。由于这些因素的客观存在并难以在短期内消除，决定了居民收入差距存在的长期性。

一、经济发展的自然禀赋

我国幅员辽阔，各地区竞争的初始条件具有极大的差异，不同地区的地理条件、自然资源等禀赋均大不相同，致使无论是经济发展还是居民收入差距，一开始就受到经济发展的基本条件的影响。例如，中国河川水能资源大部集中在西南地区，其次在中南地区；而中国煤炭资源多分布在北部，形成“北煤南水”的格局。这些资源的分布情况对中国区域经济的发展产生了相当大的影响。改革开放以来，具有区位优势的沿海地区利用相对有利的地理位置、国家政策和投资的倾斜快速发展，外国资本的逐步进入也是由沿海到内地的。各地区间的不平衡发展，使沿海地区、大城市等具有区位优势的地区，级差地租不断增长，并在追加投资下，不断形成级差地租。土地级差生产力带来越来越多的超额利润，这些并不能在各地区合理分配。而在某些土地资源贫瘠的地区，土地的质量连基本生存产量都无法达到，这里存在着大量的贫困人口。可见，在区域间的禀赋差异和发展累积效应的影响下，收入差距伴随着地区间发展的不平衡及经济水平的差异产生，几乎是不可避免的。

但自然资源禀赋对区域经济发展的影响也不是绝对的。事实上，拥有某种丰富的资源并不必然意味着发达的地区经济，和位于前列的居民收入水平。山西省的经济发展状况就是一个很典型的例子。中国是世界上煤炭产量最多、增长速度最快的国家，但煤炭产量的分布具有很强的区域不均衡性。1997 年煤炭产量超过 5000 万吨的有 9 个省区。其中，山西产量居第一，约占全国总产量的 1/4。但就居民收入来说，山西的居民收入并不高，这是因为山西经济发展过度依赖能源产业，限制了其他产业的发展空间，加上中国市场经济转型时期制度、法律不健全的影响，使得资源仅仅成为一部分特殊人群获得暴利的资本，却没有改善山西居民收入的状况。由上可见，自然资源禀赋也并不必然形成经济发展的助力，其对区域经济发展和区域居民收入水平产生的实际影响和作用具有不确定性。

二、经济发展的历史机遇

实践证明，国家实施的任何经济发展战略和政策都会对收入分配产生不可忽视的影响。

（一）转型前国家产业布局的影响

经济活动总是在一定的区域空间展开的，这使产业布局成为生产要素和其他资源分配的重要决定因素之一，极大地影响着一国经济、社会的发展。产业结构从宏观上对行业之间和地区之间的收入分配产生影响，生产要素的配置则从微观上影响生产要素所有者的收入分配。

产业布局不仅受自然资源地理分布的影响，还要受国家的倾斜投资、优惠政策和人才支援的影响，后者被认为是产业布局中的“公共品”，具有易流动性、不确定性和外在市场性，对产业布局的影响可能比自然资源的影响还要大。新中国成立后，为了迅速建立独立、完整的工业体系，使现代工业在各区域都获得快速发展，我国采取了各种产业政策和措施不断调整产业布局。不同阶段的产业布局在促进经济发展的同时，也对中国区域经济的发展和区域居民的收入状况产生了巨大影响。

1953～1975 年产业布局战略是以增量的非均衡布局来实现区域的均衡发展。这一阶段我国均衡布局思想经历了板块均衡到全面均衡再到分散均衡的发展，追求布局均衡的单一性目标。在传统的计划经济下，我国的产业布局主体基本上是行政主导的，国家或政府作为布局的一元主体，在各区域市场进行行政性物资调拨，并对信贷规模、投资规模和就业规模等方面进行数量控制。这一阶段，政府对产业布局主要注重全局性、整体性效果，产业布局缺乏市场基础和微观灵活性，加上产业布局调整的高成本性，导致产生了产业布局均衡发展的“惯性效应”，因而总的来说，这一时期的产业布局的均衡性是区域经济发展未出现明显差距的重要原因，也没有导致居民收入差距的扩大。

1976～1980 年产业布局战略带有从均衡向非均衡过渡的特征，此阶段是一个过渡性调整阶段，简单地使均衡与效率目标平分秋色是这一时期的特点。中共十一届三中全会后，理论界对过去那种以牺牲效率为代价的绝对平衡观进行了反思，重新探讨了社会主义产业布局的原则，把效率原则放在了优先的位置。因而这时的产业布局重点逐渐东移。这一产业布局政策的转变奠定了我国东、西部经济发展及居民收入差距的基础。

1981～1995 年我国产业布局战略发生了重大变化，产业布局的目标急剧转向效率优先，以实现非均衡发展为目标。从“六五”计划开始，全国范围内形成了一种非均衡发展的思潮，政策也鼓励“让一部分地区先富起来”。新的布局战略把全国划分为东部、中部和西部呈梯度的三条经济带，并采取向东部倾斜的非均衡布局。在中央投资和非中央投资的分布上，东部比例从“六五”开始高于中、西部，全国有 5 个经济特区在东部。中、西部的许多高级专业技术人才也因东部繁荣的吸引纷纷东流，出现了所谓“一江春水向东流”和“孔雀东南飞”的人才流向。中华人民共和国成立初期，我国全部轻、重工业的约 70% 就在沿海，在东部优先发展政策的指导下，对东部实行投资倾斜、政策倾斜、人才倾斜等优惠措施，使东部在原本的基础上率先迅速发展和富裕了起来。在国家发展战略向东部沿海倾斜等因素的影响下，地区之间的经济发展速度出现了很大的差异，东部地区的经济增长速度持续高于中、西部地区。在中央逐步放松对全国工资水平的统一管制之后，各地工资水平因经济发展速度和发展水平的差异而出现了明显的差距，造成东、中、西部地区收入差距的迅速扩大。“让一部分人或地区先富裕起来，从而带动其他，最终实现共同富裕”的战略指导思想本身是正确的，但是它的贯彻执行却成为2000年前后急剧拉大东、中、西部区域居民收入差距的一个重要决定因素。

综上，我国产业布局及国家产业政策直接影响了区域经济发展的基础与机遇，而区域经济发展的情况又在很大程度上决定了区域间居民收入的状况。为了调节居民收入之间过大的区域差距，从1996年开始，中国积极采取了各种协调型的区域经济政策和产业政策，例如1999年提出的西部大开发战略等，立意于既能较好地利用了内陆地区能源和原材料丰富的优势，又能充分发挥和利用沿海地区的技术、地利和人才的优势，以达到在保证东部继续发展的同时，加快中、西部地区及东北老工业基地的发展，对改变区域之间的居民收入差距过大的现状起到了积极的作用。

（二）全面转型前国家政策导向的影响

1. “重工轻农”政策的影响

中华人民共和国成立初期，政府对工业化的追求体现为“重工轻农”的政策导向，即我国曾在一个较长的时期内牺牲农业以发展工业，中国逐步成为典型的二元经济结构的国家。这种二元经济结构的存在，是造成工农收入差别、城乡收入差别的重要历史原因。理论上，如果政府不对城乡的生产活动和要素市场进行干预，资本和劳动力的配置将会自发做出调整，使得城乡地区的报酬趋于平衡。反之，当城乡同质劳动力之间存在很大的收入差异时，就往往意味着有政府干预以及相应的制度原因存在，其影响具体体现在以下几个方面。

（1）工农业增长比例持续失衡的影响

在二元经济结构中，经济增长在技术先进的现代工业部门首先发生，工业部门就业量小而生产率较高，因而工资水平较高；而在传统农业部门中，就业量多而生产率低，导致收入水平较低。“重工轻农”的经济发展模式直接导致了工农业增长比例的持续失衡。1952～1978 年，工业总产值增长 11.3%，农业总产值仅增长 3.2%。我国还以价格剪刀差的形式来促进城市发展，1952～1986 年国家从农业抽走 6868.12 亿元支持城市工业。[①] 20 世纪 80 年代中期～90 年代初，一方面，工业品价格放开后，农产品的每次提价都引起工业品价格的上涨，使农用生产资料价格上涨幅度大大高于农产品价格上涨幅度，导致了农民收入增长缓慢；另一方面，1987 年以来的两次连续几年的通货膨胀，更吞食了农民的收入。这些政策的影响不断积累，直接导致了城乡收入差距的扩大。

（2）农村经济发展长期受政策歧视的影响

中国目前存在的极度不合理的城乡居民收入差距的原因，除了农业本身的弱质性以外，很大程度上也与农村经济的发展在政策上长期遭受歧视有关。

第一，“重工轻农”导致了城乡发展政策的歧视性。城市获得了优先发展权和各种优惠政策，造成城市和乡村之间竞争与发展条件的不平等，导致了城乡经济发展的巨大不平衡，从而影响了城乡居民的收入水平。城市至今还在享受着各种政策与资源优势，尤其是城乡公共服务分配的差别待遇更成为城乡居民收入差距扩大的重要原因之一。

第二，“重工轻农”导致了户籍管理制度的歧视性。户籍制度造成了城乡居民在社会地位、物质待遇上的巨大差别，阻碍了城市人才向农村流动，一方面使城市人才大量闲置和浪费，另一方面造成农村因人才奇缺而制约了生产力的发展。虽然国家对户籍制度进行了一些修改，但

① 万兴亚、王俊秀、李丽：《十一五规划，从先富向共富转弯》，载《中国青年报》，2005－10－25。

成效不大。一些城市一度处处设置关卡，阻止农民进入，并且在其工作和子女入学就业方面采取歧视政策。

第三，“重工轻农”导致了城镇就业制度的歧视性。由于城镇就业机会对农民的排斥性，城镇就业制度对农民在城镇就业产生了屏蔽作用，将农村富余劳动力限制在有限流动范围之内。例如，国家政策鼓励农民“离土不离乡”，实际上也是一种城乡隔离手段。这些人为限制农民在城镇就业的政策，使我国收入分配领域流向农村的资金十分有限，形成了城乡收入差距制度基础。

以上这些歧视性政策限制了劳动、人才、资源和资金无法在城乡之间自由流动，导致农业边际生产率和农民收入的低水平，这些政策在长时期内形成的累积性影响是近年来不断扩大的城乡居民收入差距的历史基础之一。“重工轻农”发展政策对农村经济发展及城乡收入差距的影响至今仍然存在，在传统农业得到彻底改造之前，两个部门的收入差距还将长期存在。

2. 城市经济改革政策

我国城乡收入差距发展至今，表现出缩小与扩大交替出现的特点，是与我国在不同时期的改革重心和采取政策的调整等因素是分不开的。

（1）1978～1985年城市改革滞后于农村时期

1978年中共十一届三中全会以后，我国率先在农村展开改革。家庭联产承包责任制的推行、农产品价格的放开、用双轨制代替原有的计划价格体制以及因劳动力和资本在农村内部和城乡流动而开始形成的生产要素市场等一系列因素的影响，使我国农民收入有了大幅度提高。由于实行家庭联产承包责任制和提高农产品价格，大大调动了农民的生产积极性，农业生产因此获得高速增长。此外，该时期农村产业结构也发生了变革，乡镇企业获得了高速发展，其产量增长迅速。这一时期农村的改革促使我国农民人均收入在7年内增长了近2倍。虽然，之后农民收入也继续得以增加，但收入效应在这一初始时期是最显著的。与农村相反，该时期我国城市改革步伐相对缓慢，由此产生的改革时序上的差异使我国城乡收入增长差距得以迅速缩小。1985 年后，尽管农村改革也在深入，但由于多方面的原因，我国农民收入增长进入相对缓慢的阶段。

（2）1985～1992 年城市为改革重心时期

1985 年前的农村改革创造了农民收入的巨大增长之后，中央政府宣布加快城市改革的步伐，并将改革的重心由农村转向城市。1985 年，城市经济体制改革全面展开，具体措施包括：第一，城市放开物价、放权让利、放开所有制并对外开放。对各种所有制形式共同发展的鼓励措施，促使城市的非国有经济不断成熟，非国有经济部门的从业人员的收入随之大幅提高；第二，城市住房制度改革，20 世纪 80 年代后期，公房分配中形成不平等的福利因素，导致了城市居民的贫富差距和城乡居民的贫富差距进一步扩大；第三，在对城市企、事业单位工资改革的过程中，国家多次提高了在岗职工、公务员、教师等城市居民的收入，城市居民收入稳定增长；第四，实施城市社会保障制度改革，提高失业救济金、最低生活保障标准，通过失业救济金、最低生活保障等措施保证了城市中一些特定群体的正常生活；第五，在部分大中城市出台了职工工资指导线标准，确保城市职工每年收入不低于一定比率的增长。此外，经济特区建设也在一定程度上提高了城市居民收入。通过各项城市经济改革政策、措施的实施，城市经济取得了快速发展，城市居民收入渠道不断增多，促使城市居民收入水平迅速提高。虽然这一时期农村改革也在深入，农民收入也有缓慢增加，但农村原有的政策优势不再存在。由于城市居民收入增长速度明显高于农村，导致城乡收入差距在短短十几年间迅速扩大。

综上可见，我国目前之所以存在着巨大的居民收入的城乡差距、区域差距和产业差距，均与经济转型前后各种经济政策、制度和措施的影响有密切的关系。正是因为这些影响的不断累积，成为了各类居民收入差距的历史基础。

第二节　影响转型期居民收入差距的一般性市场因素

对于市场转型导致的贫富分化的解释，国际上比较流行的是库兹涅茨的倒U形曲线理论，该理论对各国市场转型状况做了以下描述：在市场转型过程中，贫富差距的变化是有规律的，市场转型的初期，贫富差距会急剧上升，而当市场转型完成后，随着市场体制的健全，贫富差距又会有较大的下降。当然，这种下降不是自然发生的，而是与市场相配套的各项体制建立和完善的结果，其中比较重要的几项包括社会保障体制的建立，对贫困者、低收入者予以救济；个人所得税制度完善，对高收入者收取高额累进税以及廉政反贪对策等。目前，国际上市场体制完善的经济发达国家，居民收入的基尼系数大部分都维持在不超过0.4的水平。但是在市场经济体制以及各种必要的制度完善之前，引入市场经济体制是必然会带来一定的居民收入差距的，这种差距是在各种市场因素和市场机制共同作用下的必然产物。

一、市场经济运行的必然影响

在某种程度上，我国居民收入差距的扩大是我国经济体制向市场经济转型的一种副产品。市场经济奉行的是优胜劣汰的竞争原则，竞争导致了竞争者之间的分化，收入差距扩大就是这种市场机制的分化作用的一种表现。

（一）市场机制的作用

在转型的经济背景下，我国收入分配制度改革朝着与社会主义市场经济相适应的方向迈出重要步伐，市场机制在收入分配领域日益强化自己的基础性调节作用。经济学理论认为，以价格为中介的市场机制配置资源的过程，同时也是经济运行中的收入分配过程。目前，我国居民收入分配差距拉大相当部分是引入市场机制调节收入分配的必然结果。市场机制的竞争性使越是稀缺的生产要素，要素报酬率越高，当个人所拥有的生产要素存在差异时，便会形成市场机制在个人收入分配方面的分化作用。由于不同地区、不同企业、不同居民个人占有的生产要素和财富存在数量与质量上的差异，如经营能力有强弱，文化程度有高低等，每个居民获得的劳动收入和非劳动收入并不均衡。

分配制度的改革打破了平均主义分配管理体制，引入了市场经济的激励和竞争机制，收入与业务水平、经验、职责范围、工作质量紧密联系起来。个人对人力资源的投入开始在很大程度上决定收入水平。由于人力资源的质量因人而异，劳动能力的不同形成了社会成员获取收入的条件的差异性，在优胜劣汰的市场机制作用下形成个人的收入差别。有些劳动者由于能力低，技术差，在竞争中处于劣势，被迫下岗或失业，从而失去了经济收入，进而严重地影响了家庭的人均收入水平。此外，我国实施的“先富带动后富”的政策，在鼓励个人致富方面起到了相当大的激励作用，但是允许和鼓励一部分人、一部分地区先富起来就必然会出现一定的收入差距。从本质上来看，这种差距是按市场效率要求进行收入分配的结果。随着市场化程度的提高，这种分化作用会日益增强，居民收入差距也会越来越明显，这是实行市场经济体制必然会带来的影响之一。

（二）市场机会与市场评价

在传统计划体制下，由于排除市场机会，各类资源得到的是“计划评价”，不会拉开过大的收入差距，但是必然会牺牲经济发展的效率。经济体制改革后，市场机会的出现会形成新的评价机制，无论是人力资本还是非人力资本的财富都开始进入市场，接受市场评价，继而对收入分配产生影响。首先，对人力资本的市场评价会导致居民劳动收入的分化。计划经济体制下，劳动者之间文化水平和劳动技能方面的差异从收入中没有得到充分反映。转型后，市场评价机制使劳动技能越来越多地通过收入差异反映出来，逐渐削弱了“计划评价”下收入分配“平均化”的特征。其次，对物质财产的市场评价会导致居民要素收入的分化。在计划经济体制下，物质资产的实际占有或控制权完全集中在国家手里，这种制度安排使财产收入的流向十分明确，财产经营的全部收入完全由国家获得，财产收入分配也是由中央财政计划“公平”进行的。作为个人的社会成员难以借助“公有”财产获得劳动以外的额外收入。但这种“计划评价”转向“市场评价”以后，市场对不同的资源必然产生不同的评价，导致“初始财富或资源”由于质和量的区别而产生效益差异，在现实中体现为“好部门”“好单位”或区位优势等对居民收入的影响。这种进入市场时的起点差异，使经济主体获得不同的“财富效应”，成为了收入差距形成的一个重要原因。

（三）市场失灵的影响

市场经济是以市场调节为基础和先导的一种经济运行形态。市场经济的本质是通过价格机制、竞争机制、激励机制、供求机制等市场机制进行资源配置，并与国家宏观调控相结合进行国民收入分配，调动生产者的积极性。经济转型后，中国引入市场经济，实现了经济增长方式和资源配置方式的两个转变，实现了我国经济的快速发展和人民生活水平的提高。然而，市场机制并不是万能的，市场经济也有其自身的缺陷，即存在不可避免的市场失灵问题。这些内在缺陷导致了完全依赖市场机制并不能实现资源配置的帕累托最优，无法解决公共产品提供、外部效应、自然垄断、收入分配不公平以及经济的波动与失衡等问题。例如，市场垄断的存在，垄断必然产生超额利润。在固定成本高而活动成本低的领域，如电力、电信、铁路运输、自来水等行业，往往容易形成垄断格局，而一旦形成行业垄断的格局，竞争机制将不再起作用，市场机制将无法对资源配置进行合理的调节，也无法通过竞争对资源配置进行优化。目前我国经济领域中存在的诸多垄断现象尽管有其历史原因，有些还是出于维护国家经济安全或维持经济秩序的现实需要，但就收入分配而言，垄断行业的确基于垄断利润造成了垄断行业收入水平严重偏离合理范围、垄断行业内外同质劳动力同工不同酬等情况，这即为市场失灵给居民收入分配带来负面影响的典型例证。

（四）建设市场经济体制必然的阶段性现象

任何一个国家要进行经济体制改革都不可能是一蹴而就的。在这个长期的、必经的市场经济体制的建设阶段中，我国经济体制存在制度建设的不足是正常的历史现象，但这一问题的确会影响到经济领域的各个方面。客观地说，经济体制转型的积极作用不可否认，它促进了经济效率与效益的提高，使多劳者、绩优经营者的收入显著增加。但我国的市场经济体制毕竟要经历一个并不成熟的阶段，存在某些影响居民收入的不良因素是难以避免的，例如，在市场经济体制建设过程中市场机制发育具有非均衡性，地区之间、行业之间、城乡之间的市场机制发育完善程度不同，必然导致收入分配差距。在经济不发达、商品流通度不高、市场机制成熟度相对不够的地区，居民收入一般不会很高，反之则截然相反。此外，市场经济改革导致了“隐性失业”的显性化，“铁饭碗”的打破产生了大量的失业工人，而城镇化进程的加速，则产生了大量的失地农民。在各类制度尚不健全的环境下，农民失地和工人失业也就意味着贫困人口的大量产生。伴随体制改革产生的这类问题一度显著推动了居民收入差距的扩大，但这些都是经济体制转型过程中必须面对的问题，这种在市场经济体制尚不完善的建设时期出现的收入差距是体制改革的一种“社会成本”，既具有阶段性和历史性，同时也具有不可回避性。

以上分析表明，引入市场经济体制必然会对居民收入分配领域产生巨大影响，这种影响是一个向市场经济转型的国家必然要经历的。

二、市场经济与分配制度结合的影响

分配问题的实质是确立社会上各经济主体或生产要素所有者的收入与报酬。我国分配问题十分复杂，要确立一个社会整体的分配制度或分配原则并不是一件简单的事。不同的社会，由于其社会价值取向、经济制度与政治制度的影响，有着不同的分配制度和分配原则。抛开显失公正的分配制度不谈，冠以“公平、公正”名义的分配规则就有“按需分配”“平均分配”“按劳分配”和“按要素分配”等多种。市场经济与我国分配制度结合在收入分配政策上的具体体现是按劳分配与按要素分配的结合。在实践中，无论是按劳分配还是按生产要素分配都会拉开收入差距。这一方面是由按劳分配与按生产要素分配的基本规定和实现机制决定的，另一方面是由市场经济的内在规律决定的。

（一）按劳分配与收入差距

在市场经济条件下，劳动者的劳动报酬不仅取决于自己的劳动贡献，而且还取决于所在企业生产成果转化为社会生产成果的情况，即企业的生产效率和通过市场实现的经营效益的情况，这无疑会使不同企业的员工收入形成很大的效益差距。

1. 基于劳动者所提供劳动差异的收入差距

从内涵上讲，按劳分配制度要求凡是有劳动能力的社会成员都必须参加劳动，尽自己的能力为社会作出贡献，社会按照每个劳动者所提供的劳动数量和质量分配劳动报酬。由于个人劳动报酬是按劳动者提供的劳动数量和质量进行分配的，而劳动者能够向社会提供的劳动数量和质量又与其劳动熟练程度、文化技术水平相联系，劳动贡献并不相同，因而以劳动贡献为基础的每个劳动者的劳动报酬也会产生差异，从而形成劳动者收入水平的差别。

2. 基于劳动时间市场认可程度的收入差距

作为价值计量尺度，劳动时间的市场认可情况也是影响劳动收入差距的重要原因。在市场经济的条件下，市场对企业进行按劳分配的“劳”的计量尺度，不能是个别劳动时间，而只能是由社会必要劳动时间决定。企业不能直接以劳动者的个别劳动时间作为按劳分配的依据，也就不能直接以劳动者的个别时间的多少确定劳动报酬的多少，而只能以社会必要劳动时间，即以有效劳动为尺度进行分配。这就是说，劳动时间的耗费取决于市场评价过程，劳动者所耗费的个别劳动时间必须不高于社会必要劳动时间，其劳动才能为市场所承认，才能成为有效劳动，劳动者才能得到相应报酬，甚至得到超额分配；反之，如果个别劳动时间高于社会必要劳动时间，即劳动者的劳动不能为市场所承认，劳动者往往只能获得较少的报酬，甚至无法获得收益。按劳分配也只能先以社会必要劳动时间为尺度，评价各个企业提供给市场的有效的劳动量，在各企业之间进行分配，然后再由各个企业根据劳动者的劳动贡献对劳动者进行分配。可见，以社会必要劳动时间作为按劳分配的“劳”的计量尺度，势必使不同劳动者获得各不相同的劳动报酬，更何况作为劳动者分配对象的企业经营成果也存在巨大差别。这也意味着，企业的经营效益影响到该企业职工收入分配的基础，企业收益的差异性会导致劳动者之间的收入差距，且这一差距还会因所在企业经营效益的变化而进一步变化。具体表现为，同一企业不同劳动能力的劳动者以及不同企业相同能力的劳动者，其劳动报酬都可能存在差别。

（二）按要素分配与收入差距

从计划经济向市场经济的转型，为我国的所有制关系带来了深刻的变化。为促进经济增长，中国允许和鼓励非公有制经济成分发展。经济成分的多样化决定了我国的收入分配制度必须进行调整，以适应经济基础发生的巨大的变化。我国选择了“按劳分配和按生产要素分配相结合”的分配制度，即在社会主义初级阶段，实行与公有制为主体、多种经济成分共同发展的生产资料所有制结构相适应的，按劳分配为主、多种分配方式并存的收入分配制度，形成了按劳分配为主、各种生产要素按贡献共同参与分配的收入分配体系。在多种经济成分随着市场经济的逐步确立而竞相发展时，各种非公有制经济发展十分快速。非公有经济最显著的特点是资本进入社会生产领域，而资本的经济本性就是要实现增值，为了实现这个目标，非公有经济不断改善经营管理、提高技术水平，与公有制经济成分展开了激烈的竞争。在市场机制的作用下，不同性质的企业在竞争中逐渐拉开差距，一部分要素所有者抓住机会，成为了新分配方式的受益者，这种新的分配方式带来了新的收入差距。

1. 引入按要素分配对收入结构的影响

抛开传统的计划经济体制下“平均主义”的分配方式，允许非劳动要素参与收益分配，是对马克思主义政治经济学的重大理论创新，适应了我国经济体制改革的客观需要，对推动我国社会主义市场经济体制建设有着非常重要的意义。改革开放以前，我国实行的是平均主义的分配方式，大家处于收入单一和“共同贫困”的状态。随着我国分配制度改革的不断深入，劳动、资本、技术和管理等生产要素按贡献参与分配。允许和鼓励生产要素参与收益分配，必然使社会成员的收入来源增多，形成了工资收入、资本收入、知识和技术要素收入、经营收入、租金收入等多种收入并存的格局。

同时，在收入水平提高的过程中，人们的边际消费倾向降低，居民所得的部分收入必然要转化为个人财产。在社会主义市场经济中，允许和鼓励用合法收入形成的个人财产作为资金要素投入以获取相应的回报。按资金分配有多种具体形式，包括个人将消费剩余资金用于银行储蓄，获取利息收入；个人将消费剩余资金买卖各种债券、股票、基金等有价证券，获取利息、股息以及有价证券买卖收入等；个人将消费剩余资金用于黄金、房地产等可保值、增值的各种商品的投资，以获取投资收益等。随着收入水平的提高，个人可用于投资的资金量会越来越大，从而由此获取的投资收益也会越来越多，按资金要素分配形式在范围上就会不断扩展，在强度上也会不断强化。事实上，我国居民在金融财产、房产等方面产生的差距比收入总水平的差距大得多。受这些变化的影响，个人总收入中的工资部分在缩小，而要素收入部分则在增长。

2. 引入按要素分配对收入差距的影响

在纯粹的按劳分配方式下，个人的收入差距仅来自于劳动者向社会提供的劳动的质和量，收入差距相对较小，而引入按生产要素分配后，劳动者的收入差距不仅来自于劳动的质和量，而且来自于个人所拥有的生产要素的质和量。由于生产要素差异的影响具有很强的累积效应，按生产要素分配对我国收入差距的发展具有更大的影响。

第一，从整体上来看，要素所有者和一般工薪阶层以及其他劳动群众之间的收入差距将进一步扩大。一般工薪阶层和其他劳动群众主要的收入来源是通过按劳分配获取劳动报酬，收入增长的弹性小；而按生产要素分配，虽然资本所有者要承担可能发生的投资、经营风险，但一般来说要素所有者的收入增长幅度大，资本所有者可获得丰厚投资回报或经营收益。

第二，要素所有者内部日益激烈的竞争将导致他们之间在财富的占有量上出现巨大的差别。在社会主义初级阶段，要素所有者对生产要素或社会财富的初始占有状况决定了他们财富积累的起点存在差异。由于他们占有的生产要素在数量和质量各不相同以及各自参与市场的能力差异，决定了他们各自获得的收益也不同。竞争导致的优胜劣汰和资本积累、积聚的效应将在他们之中产生相当数量的百万富翁甚至亿万富翁，同时也不断地产生出大批破产者和贫弱者。

第三，富裕程度与受教育程度呈正相关关系。在知识要素得到合理回报的情况下，受教育程度将成为影响个人富裕程度的重要因素。知识阶层的整体收入水平将进一步提高，其中一部分人将跻身于高收入阶层，这是社会进步的一个突出表现。劳动者素质的差异和劳动力市场的竞争性也促使了收入差距的发展。

最后有必要指出的是，尽管两种分配方式的实施的确拉大了收入差距，但是拙著认为，在社会主义初级阶段，收入来源的合理、合法性很大程度上决定了收入差距是否是合理和公平的。上述由收入分配制度的转变带来的居民收入差距的扩大，在某种程度上有利于充分调动劳动者和生产要素所有者的积极性和创造性，提高经济发展的效率，由此产生的居民收入差距的扩大只要被控制在合理的范围之内，还是可以被人们理解、认同的，而且这种差距还可以通过经济效率的进一步提高所创造的社会财富以及综合国力的增强来弱化。但必须注意的是，在制度尚不健全的经济发展阶段，出现了某些不合理、不合法的收入带来的差距，这种差距并非制度改革的必然结果，必须予以矫正。

第三节　影响转型期中国居民收入差距的其他一般性因素

一、马太效应

由于收入分配领域存在按生产要素分配的机制，因此，部分生产要素占有比例大的富有阶层就能凭借已有的资源攫取更多的生产成果，从而占有更多的生产要素；相反，占有生产要素较少的贫穷阶层，在分配中处于不利的地位，最终结果是“富者恒富，贫者恒贫”，此即是“马太效应”。例如，公共产品供给的不足和不均衡的影响。公共产品在效用上具有不可分割性，在消费上具有不可排他性的，比如公路交通、教育等等。在经济发达地区和经济落后地区，正是由于收入水平的差异，造成经济发达地区居民能够承受较高的公共产品成本，获得较多的公共产品，而经济落后地区居民只能承受较低的公共产品成本，获得较少的公共产品。从而进一步异化不同地区的经济发展条件，可能造成发达地区更发达、贫困地区更贫困的恶性循环。

（一）社会精英阶层

对处于社会上层的私营企业主、高层管理人员等占据大量经济资源的群体来说，对越来越多的资本的占有将会带来两个结果：一是资本积累和再投资成为他们主要的活动方式，“滚雪球式”的代际财富生息效应开始显现；二是在获取了大量经济利益的同时，这一阶层的精英们已不满足仅仅在经济领域的地位，事实上为了追求更大的经济利益和相应的社会地位，他们会积极参与政治，获得政策上的支持。从发展的角度来看，这就使得这一社会阶层的经济资源占有量在大幅上涨的同时，也更多地占有了组织资源，进而巩固和提升他们的社会地位，成为他们获取更多利益的保证。

在以知识为背景的社会精英中，尽管大多数公共服务部门的从业人员和专业技术人员的显性收入水平不高，但是这一阶层人员的优势在于占有更多的组织资源和文化资源，而这两种资源在目前以及可以预见的未来是获得经济资源和收入的最好渠道，即职称、学历、技能与收入之间通常存在着正相关的关系。从长远来看，这一社会阶层将会出现与社会更高阶层逐步靠近的趋势，对握有一定资源的人来说向上流动的趋势还会比较明显，并且在代际传承上，这一阶层子女向上流动的可能性更大。

（二）中层社会成员

从收入上来看，作为社会中层的一般办事人员和白领等具有一定的收入稳定性，比上不足，比下有余。但他们的收入不足以使他们进行大量的资本积累，也不足以使他们进行更多的人力资本投资（即其自身知识技能水平提高有一定的难度），在社会组织资源和文化资源的占有方面也不具有优势，他们对社会经济制度的稳定性更加依赖，因为社会经济制度的变化对他们形成的影响和冲击最大。从收入的角度来看，这一阶层的人群既不易向上流动，但也很难滑落到中层以下。

（三）社会中下层的产业工人和商业服务业人员

这部分社会成员的发展相对不那么乐观。在我国，低技术含量的就业机会竞争十分激烈，市场可能会压低这部分人的相对收入水平，拉大与以上各阶层之间的收入差距。由于这部分人的受教育水平和收入水平较低，在以知识和技术为前提的社会发展中，他们会处于更加不利的地位，使得他们没有能力提高自身素质，甚至没有能力参与竞争，其中一部分人还可能落到社会底层。

（四）社会边缘阶层的无业、失业和半失业人员

由于没有稳定和足够维持正常生活的收入来源，这部分社会成员多处于相对贫困甚至绝对贫困的状态。这自然使他们的社会地位相对较低，并产生自卑感。显然，如果不解决这部分人的就业和收入保障问题，不仅会影响到他们自身的生活，甚至会影响到他们的家庭整体生活状况及子女的发展，从而陷入恶性循环，不利于社会稳定和和谐社会的构建。因此，这部分人是政府必须给与更多关注的对象。

二、人口压力

人口压力是中国目前影响居民收入差距的另一个重要的客观原因。虽然，自经济体制转型以来，中国经济有了快速增长和发展，但面对“家大口阔”的现状，全面地、均衡地提高居民收入水平在现阶段还存在困难。

首先，人口基数的庞大和人口绝对数量的增长影响了劳动力要素的边际报酬水平。由于大量行业的劳动力市场呈现供大于求的局面，影响了劳动要素的收入水平，导致要素收入分配差距的扩大。微观经济学原理证明生产要素之间交换的价格比率取决于一种要素与另一种要素的边际替代率之比，而边际替代率的决定因素是要素之间的相对稀缺程度。

随着我国分配方式的转变，作为收入分配依据的三大传统生产要素土地、资本、劳动力的相对价值正在发生巨大的变化。由于中国社会人口众多，土地、资本早已成为生产要素中的稀缺品，劳动力要素与其他生产要素的边际交换价格必然相对处于低位。从进城务工人员的低工资到高校扩招后大学生就业压力急增和薪金水平的普遍下降，便可清晰地了解目前我国劳动力价值的近况。可以说，人口众多是造成我国少数按土地、资本分配的富裕阶层和广大按劳分配的工薪阶层之间收入分配差距的重要原因之一。

其次，人口基数的庞大和人口绝对数量的增长导致劳动力市场存在很大压力，严重影响了居民收入分配。据中国国家统计局数据显示，虽然 2012 年我国劳动力人口数量首次下降，不过中国其后十年每年劳动力资源都能稳定在 9 亿人左右，如果经济增长保持 6% 左右的速度，每年可新增 600 万左右的就业岗位，加上补充自然减员，可以安排就业 1000 万人左右，每年劳动力供求缺口仍存在。目前我国正处于城镇化的关键时期，农村陆续转移到城市的大量剩余劳动力，形成了很大的就业压力。即使在城市找不到合适工作，仍会有相当部分的农村转移劳动力滞留城市，直接导致了城镇低收入群体规模的扩大。此外，我国充分就业的比例不高，巨大的就业缺口导致我国存在大量隐形失业人口，这是一个庞大而无法准确估计数目的群体，这部分失业人口无可避免地成为低收入人群，必然会影响居民收入差距。

此外，人口基数的庞大和人口绝对数量的增长会导致人均财富占有量的稀少。虽然我国的经济发展已取得了巨大的成绩，虽然收入水平与生产的发展水平基本上是相适应的，但由于我国人口规模总体依然十分庞大，目前的生产力水平决定的人均财富资源仍是有限的，必然导致“共同富裕”的实现还需要一个较长期的过程。

第四章

影响中国居民收入差距的转型因素

转型后，我国居民的收入分配已越来越多地受市场调节，出现阶段性的收入差距扩大现象理论上属正常状况。但是，21 世纪头 10 年中国居民收入差距一度急速扩大，这与转型期出现的影响居民收入分配的特殊机制有关。如果说合理的收入差距是市场经济的发展使然，那么转型过程中出现的某些特殊机制则严重破坏了收入分配秩序。要了解导致转型期收入差距扩大的特殊原因，就必须要深入分析改革成本与改革收益的主体错位、二次分配功能作用乏力、制度缺位和错位、权力资本化导致的隐性收入差距等问题。

第一节　市场化对转型期居民收入差距的影响

随着市场在体制转型后逐渐成为推动经济发展的主要力量，其发育的成熟与否是经济、社会各方面的发展均无法回避的重要问题，收入差距受到的影响是其中突出的一个环节。

一、市场化带来权力寻租的机会

在我国市场化的过程中，实行过“价格双轨制”，对收入分配领域产生了极大的影响。中国曾经为以价格双轨制为中心的“旧双轨制”付出了高昂的代价。

在计划经济体制下，中国长期实行生产资料计划价格形式，许多生产资料价格严重低于价值，改革这种不合理的价格体系和管理制度是体制转型的重要内容。由于考虑到全面实行价格市场化会引起过大的震荡，因此政府采取了计划和市场两套机制并行的决策，同时实行计划调节和市场调节两种运行机制，这就是中国的价格双轨制。该机制包括三个方面的内容：一是对产品的价格结构进行了调整；二是国家放开了对一些产品价格上的管理，这部分产品的价格按市场规律自行规定；三是对一些重要的生产资料、主要农产品的收购价格、主要工业产品、紧缺商品价格实行双轨制，即同一城市、同种商品同时存在计划内、计划外两种价格的状态，国家计划任务内的实行国家牌价，超计划生产部分和按国家规定的比例允许企业自销的部分实行市场价格。这是从过去单一的计划价格转向未来有控制的市场价格的过渡措施，也是当时新旧体制并存的反映。

对同一商品实行国家统一定价和市场调节价并存的价格管理制度，其利弊都很明显。这种“价格双轨制”创造了价格机会，使一部分经济单位和社会成员收入迅速增加，主要有两种情况：一种是在产品“短缺”情况下提高产品价格以获取较多利润，从而使相关经济单位效益工资明显增多，其中也包括一些市场经营性经济单位和个体工商户，利用价格管理上的缺陷，任意提高商品价格，从消费者身上不断获得“暴利”而暴富；另一种情况是“双轨制”导致的价格差，造成可以计划调拨商品的部门和个人有寻租机会或成为寻租对象，即“官倒”现象的泛滥。由于计划物资价格低于市场价格因素而形成“租金”，使掌握和控制计划价格物资的人富起来了，收入中“租金”分配的份额远远大于“工资”，他们或多或少地从“双轨制”中受益，实现了个人收入的迅速增长。

二、垄断行业市场化水平的影响

随着市场化的推进，价格双轨制最终消失，但这并不意味着我国市场中影响收入差距的因素消失。实际上，虽然商品经济的发展为各种行业、各类企业提供了广大的市场和丰富的市场机会，但部门间的不公平竞争一直存在。这种企业、行业之间的不公平竞争无疑也是拉大居民收入差距的因素之一，尤其是垄断造成的影响。

（一）垄断行业的市场化水平及收入分配

在市场存在结构性缺陷的情况下，中国本应逐步扩大自然垄断行业市场竞争的范围和程度，减少政府管制，采取放松管制和改善管理相结合的改革战略。但实际情况是，由于国有垄断企业在国民经济发展中的特殊地位与作用，各个时期政府对垄断性企业均实行了政策倾斜，使得国有垄断企业在资源、市场和政策等多方面均拥有特权，垄断企业以此成功构建了市场准入壁垒。从近些年来我国经济发展的实际情况来看，尽管政府也曾制定了一些旨在鼓励平等竞争、反对垄断的法律，但在总体上，政府在这方面的政策仍然是严重缺位的。比如，垄断部门、行业和单位市场化水平不高，政府仍然存在着一定的保护倾向，仍然设置有很多市场准入壁垒等。

此外，中国对自然垄断行业的价格一直实行严格的政府管制，这就忽略了市场供求关系，使得垄断企业一直处于卖方市场地位。且由于政府对不同自然垄断企业的价格管制主体分散于各个不同部门之中，垄断商品价格制定存在非统一性和部门性，各垄断部门在决定价格时，不可避免地顾及部门利益，由于国有垄断企业缺乏有效的宏观调控及监督，为获取更多的利润留存，自然垄断企业的价外加价或价外收费现象也相对突出，使垄断商品价格严重超出其价值。[①] 政策倾斜、卖方市场和垄断价格为垄断企业职工收入分配积蓄了大量的资金。再加上早期收入分配相关立法滞后，对国有垄断企

① 金喜在、徐向龙：《国有垄断性企业收入分配问题思考》，载《长春市委党校学报》，2002 年第 5 期，第 26 页。

业收入分配的管理存在立法真空，对企业内部分配的监督则更少，对工资外收入缺乏有效控制，国有垄断企业内部形成了收入分配的独立王国。这些政策、法治、制度的漏洞都为垄断利润及垄断行业高收入提供了土壤。

（二）垄断对行业收入差距的影响

我国行业收入水平差距太大的原因，很大程度上在于垄断企业没有受到严格的规制，促使了行业收入差距的扩大。

1. 垄断行为的影响

一些垄断部门、行业，尤其是国有垄断企业，通过各种方式实施市场垄断行为，包括设立市场进入限制，排斥甚至打击其他竞争者，进行垄断经营；控制、操纵市场价格以获得超额利润；利用信息不对称进行不公平交易甚至实施投机等行为。而通过市场垄断行为获取的垄断利益绝大部分都转化为行业、部门自身的小群体利益，并突出地表现为这些行业或部门从业人员与其他群体收入差距的不合理扩大。在许多居民看来，我们的一些价格听证会，很难体现规则的严格性、权威性和社会公正。在这种“软约束”的社会条件下，垄断企业继续享受着超额利润，并在缺乏适当约束机制的条件下将垄断收益大量分配给职工个人，形成这些行业不合理的高收入，如金融保险业、邮电通信业和房地产等行业。因此，那么无论垄断行业怎么改革内部的薪酬制度，还是会保持比社会平均水平高很多的收入水平。

这种“行业垄断”扭曲了收入分配，造成了悬殊的行业收入差距，使处于较低收入状态的其他社会成员不满情绪不断积累和外化，并会进一步诱发其他社会成员试图通过其他非市场手段、非公平手段来扩大收入份额的欲望。从现实情况来看，虽然有些垄断行为，如自然垄断行业的垄断问题有一定特殊性，也有些问题源于市场发育的不足，但多数垄断行为是与权力部门“结合”，甚至直接利用部门本身所掌握的行政权力制造不平等竞争并获得自身特殊利益的垄断。这种状况无疑会阻碍市场的健康发展，强化甚至固化不合理的收入差距问题，使某些领域的收入不平等得以长期延续。

2. 剩余控制权的转移

剩余控制权的转移给垄断企业带来了大量利润留存，为垄断企业实行高工资提供了物质条件。为了解决国家与企业间的决策权和收益权问题，我国曾在国有企业实行承包责任制，这一制度安排使国有垄断企业根据事先签订的契约，开始与国家按协定比例来分享利润（实行利改税后，分享税后利润），从此企业一定程度上拥有了归自己支配的资金。在这种制度安排下，垄断企业利润留存的多少不仅取决于企业自身的努力程度，而且更多地取决于企业面临的外部市场环境、资源的垄断、卖方市场的长期存在、有利的价格和政策环境等。

由于处于垄断地位的企业可以相对容易地获取大量的利润剩余，国有垄断企业员工的福利、工资和奖金随之水涨船高。这种分配方式即便在建立现代企业制度的情况下也未改变，因为垄断企业始终是盈利的，"产权明晰，责权明确，政企分开，管理科学"都没有从本质上改变垄断企业的分配格局，丰厚的利润留存使得国有垄断企业在每一次的工资改革中都得以顺利调升。我国传统的工资控制手段是通过对各单位工资总额加以控制，来防止单位员工工资无序、超常规的增长，这一做法对制约企（事）业单位员工工资起到了很大的积极作用，但这一做法对国有垄断企业的效用不大，对防止企业内部分配平均化也毫无意义。收入差距的主要秘密在于，国家控制线所定的工资总额的实际资金并非全部来自对总额有控制权的财政，资金的一部分来自于企业或企业的上级主管部门。因此，企业或上级主管部门资金是否充足，工资总额所需资金在每一次调整后是否都能全额到位或兑现，成为企业员工实得工资数的最主要限制条件，这一点垄断企业和非垄断企业是不同的，更不用说还存在工资外收入了。故传统的工资控制手段并不妨碍国有垄断企业在企业内实行平均主义的分配，而多次的工资改革都没能在客观上有效控制垄断带来的收入差距。

3. 垄断行业的劳动力壁垒

国有垄断企业劳动力市场存在较高的壁垒，企业缺乏有效的劳动力流动机制。国有垄断企业在吸纳就业人员方面不仅存在国有企业所共有的岗位进入壁垒，还存在垄断企业所特有的劳动力退出壁垒。由于垄断企业收入较高，对劳动力具有较大吸引力，劳动力供过于求，因此，企业出台了一系列苛刻的用人措施，并给本系统的劳动力提供了方便（如内部招考，岗位继承），造成了劳动力之间竞争机会的不平等；同时垄断企业为留住本企业仅有的少量高素质管理、技术人才，对高素质人才的流动设置了诸多限制条件（如人事制度、福利），造成其流动成本过高，由此导致高级人才对企业发展的低积极性，反而更多地寻求在职消费、工资外收入和设租寻租。

建立社会主义市场经济，平等竞争应当成为经济秩序的基础，现实情况却不容乐观。如上所述，一方面，在新旧体制交替时期，基于传统体制的各种各样的起点不平等在所难免；另一方面，一些从传统体制中延续下来的各类利益群体，在转型时期假借市场经济的原则，利用不平等的价格、垄断地位和政府背景垄断市场，获得了巨大的超额利润，而这些垄断利益又通过各种方式和手段，最终全部或部分变成了这些单位、企业工作人员的个人收入，成为中国居民收入差距扩大重要影响因素。

三、要素市场不成熟

“旧双轨制”消失后，“新双轨制”作为其延续在经济发展过程中滋生。随着中国的经济发展模式由计划经济模式转型为市场经济模式，劳动力市场、金融市场、土地市场、技术市场等主要要素市场均对居民的收入产生了很大的影响。要素市场发育的不成熟带来尚未完全市场化的要素价格体系，为缺乏监督的公共权力提供了大肆寻租的机会，导致经济体制改革在收入分配领域的影响变得更加复杂。这是当前不合理收入差距的重要原因。

（一）“新双轨制”的影响

在经济转型过程中滋生的“新双轨制”，曾一度被经济的快速发展所掩盖。我国的“新双轨制”主要是体制方面的。虽然经过最初的二十多年改革后，原来的价格双轨最终基本实现合并，但“双轨制”并没有真正消失。由于我国要素价格市场化相对商品市场滞后，行政权力的干预相当严重。在收入分配中，政府的权力膨胀、过度干预和管理错位导致了个人收入分配关系的扭曲，权力与市场错位导致了市场型的按要素分配异化为权力支配意义上的按要素分配。土地、资本这些原本就稀缺的要素在行政权力的影响下，稀缺性被人为地进一步加强，要素之间的交换价格进一步扭曲，转型得利群体与弱势群体的巨大反差日渐加深，分配差距愈发明显。

“新双轨制”的滋生及其带来的巨大代价，是人们开始所料不及的，更导致了多年的“中央靠金融，地方靠土地，非公经济靠劳动力”形式的“掠夺经济”。支配着大部分的生产资料和消费资料的权力阶层通过权力或权力背景，寻租双轨制下存在的“差价租金”来获取利益，并形成一定数量的“权贵阶层”，并再继续寻求权力来保护和强化自己的利益，导致差别迅速扩大。“新双轨制”下存在的各类税收流失、大规模的非法经济导致“黑色收入”、腐败造成大量公共投资和公共支出流失、行业垄断造成大量的租金损失，仅仅以上四种主要类型的问题所造成的收入分化就是巨大的。虽然没有具体的统计数据，但“新双轨制”作为“旧双轨制”的延续，直接造就了相当数量的大富豪，其影响之巨大不容置疑。

（二）主要要素市场的情况

1. 劳动力市场

在市场经济体制下，个人收入主要通过市场获得。在完善的市场经济体制下，个人依靠劳动力所获得的收入是通过均衡工资率来实现的，这种收入不仅受其他非市场因素的影响很小，而且从总体上看差别也不大。但在劳动力市场的不成熟期，如果劳动力不能自由流动，均衡工资率便不能形成，会导致市场对工资水平的调节作用不能得到充分发挥。

由于受传统观念的束缚和旧的劳动人事制度、户籍制度等因素的制约，我国劳动力市场发育相对滞后，具体表现在：第一，人们就业观念的转变速度与市场经济的要求不符，依然存在不少社会成员青睐“铁饭碗”；第二，劳动力市场秩序较为混乱，市场机制不健全，尚未形成市场决定劳动力价格的分配机制，劳动力市场上价格信号与供求关系存在较大偏差，不能满足劳动力资源市场化配置的需要；第三，劳动力市场中介组织发育不足，多数劳动力市场的层次较低，覆盖面较窄，以简单劳动、体力劳动为主要交易对象，高层次的劳动力市场还很缺乏；第四，劳动力市场的宏观调控乏力，宏观政策对调整就业结构和调控劳动力流动的作用不明显，尤其是对农村剩余劳动力的流量和流向调节乏力；第五，劳动力价格存在恶性竞争，资方利益难以撼动。21 世纪前后，工人工资特别是农民工的工资长期低下，尤其是对“农民工”在社会保障方面存在缺失。这种劳动力市场的脆弱性必然会影响居民的收入分配。

2. 资本市场

我国资本市场发育相对脆弱。在市场经济条件下，资本所有权和使用权的分割成为一种比较普遍的现象，资本收益的大小应由市场调节。由于受传统体制的深刻影响，我国资本市场未能充分实现其应有功能。相反，由于资本市场的不成熟，金融管理不力加剧了居民金融资产的分化。在市场化的过程中，金融领域的改革力度最小、速度最慢。目前，我国金融机构大部分仍处于垄断经营状态，金融市场发育非常迟缓，投资渠道少，投资方向和投资信息受到限制，竞争不充分，导致投资中存在大量的投机行为，严重影响了居民收入的合理性。我国资本市场的主要问题包括：市场覆盖范围狭窄，银行信贷、股权融资和债权融资向国有大中型企业及其他有相关背景的企业（如需大量资金支持的房地产企业等）倾斜，广大中小企业融资困难；资本市场总量规模小，市场发育水平不高；金融管理体制改革滞后，行政分割、纵向分配资金的格局仍然存在，影响市场对资金的配置和调节；金融机构的企业化进程缓慢，行为不规范，缺乏有效的自律，资本市场缺乏真正的市场主体；利率的行政控制过严，出现实际上的双重利率，不利于利率发挥调节资金流量的作用；证券交易市场还需完善，等等。各级地方政府对资本市场隐隐约约的行政干预造成了不少弊端，使我国资本市场存在不少违法违规、损害普通投资者利益的活动，推动了居民要素收入差距非正常的扩大。

3. 土地市场

实行商品经济推动了土地市场逐步兴起，也带来了土地市场中的诸多严重问题，包括缺乏科学的土地使用规划，哪些土地市场化，哪些土地非市场化，常有不合理的安排；土地出让的运行机制错位，协议、招标、拍卖批租程序的不合理使用；农村土地市场的运行过多地依靠行政手段，尚缺乏市场机制调节；地价不合理，助长了土地投机等等。

土地市场的不成熟和不规范损害了我国土地国有和土地集体所有的权益，扭曲的用地制度和征地制度明显助长了权力寻租。从 20 世纪 90 年代初的大规模土地开发，到 20 世纪 90 年代末的上市指标审批，无不体现了行政权力的介入。随着中国房地产投资加快，土地问题日益严重。传统的国有土地出让方式问题经历了 10 年的平稳后，在各级政府大兴土木，加快城市基础设施建设的推动下，再次浮出水面，如一系列法律法规及政策所设计的“征地、补偿、批租”制度，为政府及有其背景者滥用“公众利益”之名而损害农民利益在法理上大开方便之门。征地乱象频发的背后是对农村集体土地的低价“征用”后高价转让和国有土地划拨后的巨大收益。国家通过不断追加投资增加了级差地租，最终却成为这些土地使用者和投机商手中的超额利润，这些人还借此大炒地皮，或营造房屋牟取暴利。这种情况造成了社会支付形成的级差利润不能归入国家财政，而是留在了经营单位或地方，留在了不同地区、不同单位和城乡之间的居民收入中，这就是由土地市场超额利润的分配不均而带来的收入差距。

通过对劳动力、资本和土地三大基本要素市场的分析，解释了我国转型期居民收入差距扩大的部分原因。虽然随着经济的发展和专业化分工的加强，生产要素的外延越来越大，出现了技术要素、管理要素和信息要素等重要类型，但通过三大基本要素市场对收入差距的影响分析，不难推断出整个要素市场对收入差距的作用机制和影响结果。

第二节　宏观因素对转型期居民收入差距的影响

体制转型往往带来新旧体制在宏观层面矛盾交织，在我国，过渡时期的制度既有市场的特征又有计划的特征，这使转型时期的收入分配比成熟的市场经济阶段存在更大的不平等。

一、制度建设滞后的影响

制度性原因不仅影响国民收入的初次分配和再分配，而且影响居民对要素的拥有量和利用机会。在导致居民收入差距扩大的诸多原因中，制度性原因扮演了极其重要的角色，其重要程度也许不亚于经济发展不平衡这个原因。过分强调发展方面的原因而轻视制度性原因是片面的，且容易造成当前的收入分配差距是发展过程中不可避免的结论偏差。

（一）制度建设滞后的表现

转型期制度建设需要一个过程，通过对我国的研究发现，制度建设的确在某些方面滞后于经济发展。这些滞后的情况在随着时间的推移有所改变，但在制度处于不完善的状态时，对收入差距的影响是不可忽视的。

1. 社会保障制度不完善

由于在转型初期社会保障制度建设的滞后，转移支付体系内在的制度缺陷使其发挥再分配功能的作用相当有限。一般说来，政府转移支付的目的是使处于社会弱势地位的人能得到最基本的生活保证，从而在一定程度上改善社会贫富分化状况。然而现实情况是，农村剩余劳动力与城市下岗工人相比更具弱势，理应得到更多的同情与扶持。但是，农民和农民工却一度被排除在社会保障体系范围之外，基本享受不到政府转移支付的投入，无论是养老还是医疗保障最初都是不覆盖这些群体的，这与他们的社会贡献形成了鲜明的反差。显然，社会最弱势的群体如果只有被征税的义务而没有享受转移支付的权利是有失公允的。当然，即使那些被纳入了社会保障体系的"城市幸运儿"，其境遇的改善也是相当有限的，因为社保资金的匮缺使转移支付体系的功能不得不大打折扣。可以说，我国的收入再分配体系的不完善不仅未能使初次分配过程中不合理的差距得以纠正，反而一度在某种程度上加剧了收入差距的扩大。

2. 城乡差别制度的延续

出于实施具有赶超性质的工业化战略的需要，我国一度实行了一整套城乡差别十分明显的制度和政策，包括户籍制度、就业制度、住房制度、公费医疗制度、福利补贴政策、农产品的低价收购政策等。这些制度和政策或者以转移支付的形式直接扩大城乡居民之间的收入差距，或者通过导致城乡居民在生产要素拥有量、要素的流动性及其报酬率之间的差异，间接地扩大城乡居民之间的收入差距。这些政策使许多本应由政府向全社会提供的公共品对农民来说却不具有公共品性质。改革开放以来，上述部分制度或政策，如就业制度和农产品的低价收购政策等，逐步淡化或被取消了，但户籍制度等仍在一定范围内延续，甚至也有一些制度和政策得到了强化。这其中有些制度和政策虽然缩小了城镇内部的收入差距，但扩大了城乡收入差距和全国的居民收入分配差距，也有的政策既扩大了城镇内部的收入差距，也扩大了城乡之间的收入差距。

3. 教育体制的弊端

教育体制的弊端导致不同人群的人力资本增长不平衡。对于绝大多数居民来说，收入的主要来源是劳动就业所获得的报酬，而在现代市场经济条件下，能否就业以及就业后所获得收入的高低，越来越取决于劳动者本人所具有的人力资本的高低。人力资本的形成主要取决于用于教育和医疗保健等方面的支出数量及其效率。改革开放后，特别是近年来，教育和医疗体制改革有所推进，但与诸多领域的改革相比仍相对滞后，其中的一些弊端导致不同人群在人力资本增长方面存在明显差距。就教育体制而言，这方面的弊端主要有：第一，义务教育的投资体制使得许多县、乡两级政府在教育方面的财政责任和能力严重失衡，教育资源在地区之间、城乡之间分布严重不均衡；第二，职业培训的制度和机构很不健全；第三，接受优质高等教育的机会在不同的省、区、市的居民之间不均等。这些体制上的弊端导致的结果之一便是人力资本获取机会的不公平，这种不公平会延伸到就业和居民收入方面。可以说，人力资本方面的差距对收入分配差距的影响是根本性的，也是长期性的，而且在市场机制的作用下，差距还会放大。

4. 市场管理体制不健全

市场管理体制不健全以及管理政策的疏漏，也是导致我国居民收入差距扩大的重要原因之一。例如通过偷逃漏税、制造和销售假冒伪劣产品等获取的黑色收入，严格地说这些不属于社会分配的范围，但它们都是在制度和政策有疏漏、执法和管理不到位的基础上滋生的。此外，在文化娱乐、服务等行业的市场管理上甚至存在严重的管理问题，使一些投机取巧者和非法经营者获得丰厚的灰色或黑色收入。这些都对收入分配的公平产生了消极的影响，直接、过度地拉大了贫富差距。

5. 产权制度不健全

如何划定多年计划经济下形成的国有（集体）资产的产权归属是困扰经济体制转型的一个实质性的问题。产权安排从本质上讲就是对利益主体以及他们之间的利益与权利关系的界定。如果对利益主体确认存在片面性或对其权利边界界定存在随意性，那么势必会导致“产权残缺”，进而造成收入分配领域的秩序混乱。

在经济体制下，由于整个国民经济以及收入分配的高度计划性，社会成员之间的收入分配状况是相对平等和稳定的，不可能、事实上也没有形成大的收入分配差距。经济体制转型后，表面上社会财富平等分配的制度特征并未消失，但实际上由于体制改革中推行的承包制、责任制以及经济上的独立核算制度等多项经济政策措施，使公有制下财富“平等”分配的这一特征在内涵上发生了深刻变化，这种变化的实质就是财富的名义分配和实际分配的分离。

在 21 世纪初，我国在产权利益主体界定和权利边界上还比较模糊，一是片面强调非人力资本所有者的权利，加上政府对企业生产经营活动的集权，表现为对企业的生产经营性决策和微观层次的利润分配方案的随意干预，产生了不少不良影响，例如，政府支配着庞大的国有企业资产并介入竞争性领域，相关政府主管部门却主动以行政手段制定某些限制非公有制企业的措施，妨碍了公平竞争的原则，也造成了人们在经济活动中过于依附政府权力的后果。公共选择理论有一个基本观点——政府部门并不必然以社会大众的利益为目标，当社会不能有效约束政府时，政府部门有可能利用其垄断性权力谋求自身效用的最大化。二是片面强调经营者个人人力资本的收益权利，一味放权让利给企业的主要经营者，表现出国有企业的产权软约束。国家作为财产权利的代表，在一定意义上不能有效地控制这一权利，也就不能完全控制财产收益，这就意味着财产带来的收益也会部分地向实际具有控制权的“代理人”倾斜，并往往表现出越是接近财产占有、支配和控制权的社会成员，获得劳动技能以外收入的机会就越大，收入亦越多；反之，则越小。社会成员对财富的“控制”是绝对不可能均等的，由此引起社会成员之间收入分配差距扩大也就是必然的。

6. 分配制度变迁的影响

我国转型期居民收入分配制度基本上是沿着由计划化、集权化和二元化为特征的计划经济分配制度，逐渐向市场化、分散化、多样化的分配制度演变的路径发展的。

从我国转型以来的经验观察和数据统计中可以看出，同转型前的传统分配制度相比，中国分配制度的变革有效地为参与分配的当事人提供了正向激励机制，改善了生产要素的配置效率，促进了社会与经济发展。因此，从效率的角度来评价，转型时期的分配制度改革是比较成功的，但这种制度变迁对社会公平的影响比较复杂。由于制度变迁的收益并不是均等地由各个阶层享受，部分群体在这场制度变迁中获益巨大，而部分群体则在其中却获益很少甚至利益受损，使我们很难简单地判断这场制度变迁的“公平性”。分配制度变迁是一个充满矛盾的过程，在这一过程中，那些初始条件较好、在原有制度框架下就占有特殊“资源”的社会成员将主导分配制度变迁的方向，使分配制度沿着有利于这些强势群体的路径演变。这种演变将使制度变迁的收益向强势群体集中，而制度变迁的成本将主要由弱势群体来承担，该效应在过去多年的转型实践中已经显现出来。社会中出现了明显的强势群体和弱势群体的分化，这令人担心，这种由强势群体主导的分配制度变迁，可能将会使制度变迁的收益出现更大程度的“分配”不均。另外，由强势群体主导的分配制度变迁并不必然导致资源配置效率的改善，它还有可能扭曲和降低资源配置效率，这应当引起警觉，由政府出面实施更有力度的再分配政策。

7. 所得税制度不成熟的影响

税收是调节收入分配的重要手段，但由于我国税收征管体系的发展还不成熟，税收制度发挥的调节作用也十分有限。我国所得税的弊端可以概括为两点：一是在取消农业税之前，城乡居民之间承担的税负不公平；二是直到现在，高低收入者之间承担的税负仍然不公平。正是这种制度的不足导致了税收的收入再分配功能的脆弱性，甚至在某些方面强化了收入不均等的趋势。

尽管个人所得税体系已经相当严厉，但由于缺乏健全的个人收入监管机制，使得隐性收入、灰色收入无法有效纳入征收范围。例如，部分单位在工资以外发放的未在工资表中体现的补贴、奖金等，无法正常征税。此外，高收入行业和高收入者个人所得税漏洞也很大，如私营企业主、从事第二职业的兼职人员、自由职业者等，税务部门很难有效征收，常有逃、漏发生。据有关方面统计，工薪阶层是我国交纳个人所得税行为最规范的群体，而高收入者并未成为缴纳个人所得税的“大户”。据不完全统计，21 世纪初我国每年被截留、漏征的税款就达到几百亿元，其中大部分流向个人。中、低收入者如工薪阶层，由于其收入简单明了，成了个人所得税的纳税主体。有人把这个现象概括为个人所得税“管住了工薪阶层，却管不住真正的有钱人”。不仅个人所得税出现了“逆向调节”的后果，2006 年前我国存在的农业税在城乡收入差距扩大过程中也贡献显著。在征收过程中，农村内部各种税费的征收基本上是按人头分摊的，没有起征点和免征额，对贫困人口也并无相应减免措施，因此农村个人税费征收实际上具有“累退性质”，即收入越低税率越高。当时，农村居民的纳税额占收入的比例远远高于城镇居民。当前在税收制度领域，有些问题，如农业税，已经得到彻底解决，但对现存差距的贡献尚未完全消失，有些问题现在则仍未完全解决，这显然十分不利于税收发挥调节收入差距、缩小贫富分化的作用。

（二）制度建设滞后的影响

在市场经济国家，制度建设滞后的共同表现是对两种掠夺约束不够，第一，对私人掠夺约束不够，也就是说政府该做的事它没有做。第二，对政府包括通过政府权力的掠夺约束不够，也就是说政府做了很多它不该做的事（钱颖一，2004）。经济转型过程中，存在的权力约束机制与监督制度的设计缺陷、甚至设计缺失，这是造成两种约束不够的重要原因。可以说，经济转型时期，由于各种制度缺陷，导致的各种权利不平等、机会不平等，使居民在收入的起点上被拉开了差距。

1. 缺乏监督导致权力寻租

在政府官员行使权力的过程中，如果监督制度的不完善，就必然成为诱发权力寻租行为的基础。正是由于各项法律、制度、政策还不完善，权力缺乏约束，腐败才得以大量地滋生和蔓延。

（1）政府掠夺的产生

转型给我国的经济基础带来了巨大的变化，而相应的制度、政策、法律的转变未能与之同步，具有一定滞后性。而制度、政策、法律对社会分配有重要影响，并具有创造经济寻租的特点。由于市场因素始终是政府为了经济发展而引入的，市场框架是在强大的政府能力的基础上构建并不断修正完善的，因而公共权力的影子随处可见。政府以制度、政策、法律等形式对公民和企业的基本权、财产权进行再分配是政府权力介入经济运行的最主要的手段和方法。

根据福利经济学第二定理，市场解决效率问题，政府解决再分配问题，即通过市场经济来提高效率，增加国民整体财富，再由政府运用公众授予的公共权力，也即政府权力（税收、财政支出等）来进行国民收入再分配，解决贫富分化和保护弱势群体等社会问题。之所以从权力因素来解释中国的收入分配格局，是因为政府权力过度干预收入分配具有一系列的条件和现实基础：中国曾经是一个高度集中的计划经济国家，对收入分配有过很长时期的直接控制。由于制度安排具有极强的路径依赖性，因而在转型时期政府仍然习惯于直接控制和干预国民收入的初次分配。但经济体制的转变相应地引起了社会变革，它不仅打破了原有的经济秩序，引起了经济结构和产业结构的变革，更是强烈冲击了原有的社会制度和社会关系，原有的国家政策行为模式逐渐被市场决定模式所替代，社会经济主体及经济行为的多元化、复杂化也就不可避免，政府的不合理干预反而会加剧分配的不公正和收入的不平等最重要因素。

（2）转型期权力寻租的特点

寻租行为是一个广泛存在的现象，尤其是权力寻租行为——腐败，高发于社会剧烈变革时期，即社会经济、思想状态等变化最大的阶段。也就是说，转型期也正是腐败在我国的易发和高发时期。经济转型时期的腐败类型可根据是否直接提供非法报酬划分为两大类，前一种类型可细分为国家捕获、行政垄断和行政腐败三种类型，后一种类型细分为影响和关系两种类型。我国高发于政府公职人员的腐败主要有行政垄断、行政腐败和关系三种类型，表现为利用职权牟取各种物质的或非物质的私人利益。[①] 公职人员的经济犯罪、部门和行业性以权谋私、“三公”经费的滥用等都比较常见。例如，在“国退民进”过程中，权力与资本在缺乏大众参与的情况下，实施了国有企业改革，国有企业的无序转让，造成国有资产流失，形成了既得利益阶层和弱势阶层。

中国的腐败现象既有与现代市场经济国家相同的一面，又有自己不同的特点。在计划经济的惯性下，公共权力对生产资料和消费资料的支配（分配）权，形成了依附于这种权力的庞大群体。政府官员、国有企业管理者、国有企业职工等，这些依附于分配权力的群体实质是原有体制的得益者，他们一直在计划体制下“享受”着相对要好的待遇。一方面，我国政府行政部门、经济管理部门习惯于权力直接参与并控制经济生活；另一方面，当市场经济中出现经济混乱或经济风险时，那些弱势企业，特别是广大民众也自觉不自觉地希望政府加强市场管理，这样不仅使行政权力参与资源配置易于合法化、合理化，还使这种权力易于经济化、利益化，这正是政府职能难以转化的症结所在。比如，一些政府行政部门以“规范市场，整顿秩序”的名义进入市场，谋取部门利益甚至个人利益，他们不是尽量减少寻租，而是寻机设租，违规违法、减税

① 过勇、胡鞍钢：《行政垄断、寻租与腐败——转型经济的腐败机理分析》，载《经济社会体制比较》，2003 年第 2 期，第 63 ~ 65 页。

免税、乱收费、乱罚款、乱摊派现象一度层出不穷，直接使部分人暴富。这种利用法定的机构性权利或国家赋予的公共资源实现局部利益的行为具有合法外衣，危害性极大。根据陈宗胜和周云波的估算，1988～1997年，通过偷税漏税、官员腐败、集团消费转化为个人消费和其他方式所获得的非法非正常收入对全国总体基尼系数的贡献份额年均达到14.90%，使总体基尼系数在正常收入基尼系数的基础上年均扩大17.64%，导致各年的总体基尼系数按国际通行的分段标准，几乎都上升了一个档次，在1994～1997年的4年里，甚至达到或接近“贫富差距悬殊”的水平。[①] 值得注意的是，根据这两位研究者的说明，他们对非法非正常收入的估算可以被认为是比较谨慎和保守的。

毫无疑问，权力寻租使一部分有权者先富起来，不仅导致了收入分配不公，也不利于经济发展和政治稳定。从计划经济向市场经济的转型，不仅包括经济运行所承担的经济体制转型和经济发展阶段的任务，也同时包括公共权力转型的任务，即要在经济体制与经济发展转型的同时实现政府的转型，具有“转型—转型”的双重内涵。认识到伴随转型期制度变迁的腐败现象与收入差距之间的关系，也是近年来我国十分重视从相应制度的构建入手治理腐败的重要原因。

2. 体制转型不同步的影响

在转型过程中，若我们所选择的制度与发展的模式相适应，则经济及社会的发展和运行可取得明显的绩效。但在渐进式改革模式下，制度模式与发展模式毕竟处于不定型的动态磨合中，难免出现制度模式与发展模式匹配失当的问题，从而带来矛盾的累积和结构性失衡。可以说，不彻底的制度是极端分配不平等的根源。

（1）市场化转型不同步

由于在我国经济体制与经济发展的转型过程中，计划机制和市场机

① 陈宗胜、周云波：《非法非正常收入对居民收入差别的影响及其经济学解释》，载《经济研究》，2001年第4期，第18～19页。

制、市场观念和计划观念在长时期内并存，体制转型的进程在不同的单位（企业）、不同的部门、不同的地区间极不同步。这种不同步改变着部门或地区职工的收入水平，产生了收入分配差距扩大的效应。一方面，在竞争性较强的行业里，市场机制配制资源的效率高于计划机制，同时也更能激励企业和个人进行投资以增加物质资本和人力资本。在体制转型（市场化）程度越高的单位（企业）里，个人所拥有的要素和要素报酬率越理想，收入也越高。另一方面，在一些垄断性较强的行业，如金融、电力、电信、能源等部门，通过垄断价格在市场中获取垄断利润，加大工资成本分摊、制定垄断高价等手段来大幅度提高本行业职工的个人收入。

此外，微观主体市场化转型也存在不同步的情况，这是导致“体制内”与“体制外”收入分配并存的重要原因。中国改革凭借实用主义的态度取得了今天的经济成就，并被总结为有别于其他国家的中国渐进式改革模式。但转型过程中，在既有市场特征又有计划特征的阶段，体制内的“平均主义分配”和体制外的“收入差距过大”两种极端现象同时并存，整体收入结构并不合理：一是工资收入结构不合理，制度内工资低，制度外劳动报酬高，项目繁多，未纳入工资内，工资提取不规范，实行工效挂钩企业的计划外、基数外提取工资现象较普遍，变相提高收入；二是收入分配不规范，工资支付不规范，存在拖欠现象；三是企业经营管理人员“职务消费”随意性太强，缺乏合理有度的约束。虽然这些现象近年来有所改善，但影响依然存在。而“平均主义”也并没有彻底根除，主要表现在工资收入（不包括工资外收入）分配上，多数国有企业以及机关、事业单位、群众团体内部工资收入分配差距偏小。厉以宁 2013 年在中国经济年会上表示，计划经济体制下对初次分配的工资级差、工资标准等所做的一些规定，我国依然还保留了相当大的部分。

（2）政府管理职能转型与市场经济体制建设不同步

转型时期的社会主义市场经济体制不完善，最突出的表现之一就是政府与市场的职能边界界定不清。可以说，中国的收入分配既不是完全意义上市场机制作用的产物，也不是建立在政府权力与市场边界清晰的基础上，而是由市场与政府同时对收入分配进行的调节的结果。政府职能出现了“该退出的没有退出，该进入的没有进入”的错位局面，往往应该属于政府对二次收入分配进行的调节，却因为职能不到位而缺乏效果，反而频频出现了政府权力的不合理干预，具体体现在：一是指政府干预错位，即对初次分配领域的过度干预，生产要素所有者的私权面对公权时不可避免的萎缩；二是由于缺乏对权力的制约，政府的干预具有直接性、随意性的特点，且在政策的选择上基本上由政府的强势权力所决定；三是政府缺乏完整、有效的再分配的政策体系和手段，市场信息不完善、不充分致使政府职能失效，对收入分配尤其是二次分配的调节作用十分有限。以上这些政府职能与政府制度供给上的种种问题导致了收入不平等在初次分配扭曲的基础上，在再分配环节并未得到有效矫正。

二、宏观政策倾向的影响

在经济体制转型初期，国家颁布了许多优惠政策，对居民的收入分配差距产生了不可忽视的影响。政府宏观经济政策的问题主要表现为政策倾向与偏好、政策缺位、政策乏力等。政策倾向与偏好主要体现在三个方面：一是地区优惠政策；二是对城市的偏向型政策；三是行业优惠政策，其影响主要是造成竞争机会不均等。许多研究表明，这是我国居民收入差距过大的重要因素之一。

（一）宏观政策的城市偏向

政府宏观政策的城市偏向对城乡居民收入分配有着深远的影响，探讨我国的城乡居民收入差距就必须要考虑我国宏观政策的城市倾向。

1. 城市偏向的社会福利政策

我国政府的宏观经济政策有着明显的城市、工业倾向，城镇居民享受国家的医疗、养老、失业等保险和住房、教育、生活补贴等福利，而长时间以来，农村居民都被排除在这一社会福利制度以外，这种城乡有别的政策倾向近年来有改善，但改善的过程比较缓慢。可以预期，政策性补贴越多城乡收入差距就会越大，可见城乡有别的社会福利政策是城乡收入差距的重要因素。

2. 城市偏向的就业政策

实现充分就业一直是各国政府的重要目标，也是制定经济政策的出发点。但由于我国的就业政策具有强烈的城市偏向，政府长期更关注城镇就业，对农村就业、农民工就业则考虑得不够，所以当城镇就业与农村劳动力就业发生冲突时，政策总是偏向于保护城镇就业而限制农村流动劳动力就业。我国各地政府为保城镇就业而制定的限制农民工的各种政策条例就是最明显的例子。实证研究表明城镇失业率与城乡收入差距的相关性，证明我国确实存在严重的城镇就业偏向。城镇失业率越高，政府面临的就业压力越大，为保护城镇就业而限制农村劳动力进城的强度越大。

（二）倾斜式区域经济政策

改革开放使区域经济政策的目标由强调区域发展的公平转向了强调区域发展的效率，中国的区域发展战略也从区域均衡发展转向了区域优先发展。以三大经济地带的划分为基础的区域布局理论，成为制定新的区域经济政策的指导理论。20 世纪 80 年代初 ~20 世纪 90 年代，中央政府主要采取了东南沿海区域优先发展的区域经济政策成了经济特区——沿海开放城市——沿海开放区的发展格局。在这一过程中，中央政府对这些特定的区域实施了多种政策上的优惠。

中央政府实施东南沿海优先发展的倾斜式区域经济政策是比较符合当时中国国情和国际经济发展大环境的。中国是一个地域辽阔的大国，各区域的经济发展很不平衡，存在工农业生产技术发展水平差异，地理位置、交通运输和通信条件不同，文化教育和科学技术发展也各有差别。受多方面客观因素的制约，各地的经济发展速度不可强求一致。加之世界发达国家产业结构调整与升级，为我国东南沿海区域转移资金、技术、管理人才提供了契机，客观上有利于东南沿海区域的优先发展。因此，可对区位条件好的东南沿海区域实施倾斜式的区域经济政策，让它们的经济发展速度更快些。多年的实践也证明了这种区域经济政策的正确性。这些区域通过政策优惠，创造了令人瞩目的经济成就。但是，在东南部区域快速发展的同时，新的区域发展问题出现了。由于倾斜式区域经济政策受惠对象主要是东南部，这使得我国东、西部本来就存在的巨大经济、收入差距进一步扩大。可见，这种区域经济政策是一把"双刃剑"：既为国家经济发展创造了有利的一面，同时又带来一些经济发展问题。为此，我们必须不断总结经验，不断对区域经济政策进行新的调整。

虽然为促进区域经济的均衡发展，我国在世纪之交的 1999 年，启动了西部大开发战略，但由于西部地区的经济底子薄，市场转型起步晚，难度也更大，因此在短期内，东、西部之间的经济差距和居民收入差距是无法彻底消除的。

（三）其他政策缺陷

在经济转型的过程中，中国政策还出现过一些其他影响收入分配的倾向，加上在经济运行中政策不到位、走样和放大等问题，这些影响十分可观。例如行业优惠政策，对企业间、行业间的收入差距都有影响。

三、政府失灵的影响

在市场经济体制下，由于存在市场失灵，所以政府必须在尊重市场机制的前提下，动用财政政策和货币政策等经济手段进行干预。然而，政府也不是万能的。在干预市场的过程中，由于政府本身存在着种种缺陷，其政策有时会加剧居民收入分配的不公。虽然政府每项经济调节措施的初衷都是好的，但由于各种纷繁复杂的影响因素，其效果有时也会呈现出不可控的倾向。

（一）宏观调控存在盲区

随着政府对经济领域的干预从行政性计划指令模式转变为经济杠杆调节模式，在收入分配领域，政府对收入分配的干预逐渐从绝对控制过渡到以经济手段调控为主。例如，政府只能通过调节机关和国有企事业单位的工资、制定最低工资标准等分配政策，通过个人收入所得税等税收政策，通过提高农副产品价格等价格政策，通过财政转移支付方式实行扶贫济困等财政政策，来调节影响居民的收入水平。换言之，经济基础变化之后，政府只能通过各种经济手段和杠杆调节，主要是财政、金融、税收及价格等政策，在一定范围内调节居民收入分配，而不能维持计划经济时期，通过直接的、行政的指令手段实现完全平均化的居民收入分配模式。从效果上而言，通过经济杠杆和经济手段进行宏观调控，其效果是间接、缓慢而有限的，甚至会出现调控的盲区。

（二）宏观政策的不足

由于政府在制定政策受信息有效性与时代背景的限制，往往会出现政策、制度的设计缺陷与不足，因此每项经济政策的实施，其效果都有待实践的检验。以税收政策为例，征收个人所得税的本意是调节居民的过高收入，但由于经验不足导致了个人所得税在税制设计和税收征管制度等方面存在不足，造成一定程度上的工薪收入阶层多纳税而高收入阶层少纳税的格局。又如，中国区域经济发展的东部倾斜性政策就出现了短期效应与长期效应的矛盾，从短期来看，对东部地区的各种经济发展的优惠政策有力地促进了中国经济发展效率的提高，但从长期来看，其结果也人为地拉大了东、西部地区的经济发展水平，加剧了东、西部地区之间的居民收入差距，使经济的长期发展缺乏基础。为此，政府不得不不断地调整经济政策以适应新的经济情况。这种政策之间的不断调整和转换过程体现出了经济政策短期效应与长期效应难以兼顾的矛盾。

此外，由于经济发展水平的限制，政府财政资源有限，往往会在许多“公共品”的提供上“心有余而力不足”。要改变这些领域政府力有未逮的“失灵”状况，实非易事，因此“政府失灵”也可能成为居民收入差距扩大的原因。

第三节　工业化与城镇化对转型期居民收入差距的影响

无论是工业化还是城镇化的进程都具有不平衡性的发展规律，也就不可避免对我国很多领域带来不平衡的影响。

一、工业化带来的影响

（一）转型期工业化与收入分配的关系

工业化与收入分配是一种相互促进，同时又相互制约的关系。工业化与收入分配改善的关系并不遵循单一模式，工业化也并不必然促使收入分配改善的直线前进。通过分析世界各国在工业化过程中处理经济增长和收入分配关系，可概括出三种基本模式：第一种是“先增长，后分配”，就是将经济快速增长和收入均等分配作为两个分阶段实现的目标，主张在经济增长的早期阶段，必须拉开收入分配差距，以利于资本积累和加速经济增长，只有当经济增长达到相当的程度后，才着手解决收入分配不公问题；第二种是“先分配，后增长”，就是通过人力资本和物质资本的再分配以及推行与本国资源禀赋特点相适应的经济结构和发展战略，使收入分配关系不断得到改善，让经济增长和收入分配相协调；第三种是“边增长，边分配”，就是主张政府应该通过资产动态再配置的形式，向那些能为低收入者提供收入来源的劳动密集型小企业和部门进行直接投资，改变物质和人力资本高度集中于现代化部门的现状，逐步缩小收入分配差距。从我国实践看，基本属于“先增长，后分配”的模式。

在实践中，工业化的成败与收入分配有直接关系，分配过度平均或过度不均都不利于工业化的发展。如果分配过度平均，每个人在农业利润与工业利润中拥有相同的份额，那么在一个工业化刚刚起步的低收入国家，这种状况极可能导致所有人的收入都过低，结果必然是消费者对工业品失去购买力，工业部门由此也失去了生存空间。而分配过度不均则会导致工业化进程受制于过小的市场规模，在这种分配体制下，报酬递增的技术往往难以被使用，因为采用这种技术会因无法弥补固定成本而无利可图。可见，收入分配状况影响工业品的市场需求状况，合理的收入分配是顺利实现工业化的重要条件。为了扩大市场规模，为工业发展提高市场支撑，可供选择的收入再分配战略有二：一是“劫富济贫”，二是“劫富济中（间阶层）”。在前一种战略下，低收入阶层的收入增加了，必然要扩大对食物的需求，在农产品供给约束比较低的情况下，它就会刺激农业增长。农业增长后，带来工业利润的增加，如果增加的利润流入到中间阶级的手中，就可能扩大市场规模，从而间接带动工业化。第二种战略对农业部门的影响甚小，但因为它直接扩大了中间阶级的收入，直接促进市场规模的扩大，因此工业化的速度会大大加快，而且工业就业量也会增加。

（二）转型期工业化对居民收入差距的影响

工业化对转型期收入差距的影响最主要是体现在对城乡居民收入差距的影响上，可以说，我国城乡居民收入差距是工业化所导致的主要收入差距。

1. 工业化与“二元经济”

中国改革开放前的居民收入分配呈现低水平、单一化和平均化的特点，这种情况的出现固然是因为受到所有制结构和传统社会主义的影响，但也是当时在人口多、底子薄、资金少的条件下，推行工业化“赶超战略”难以避免的结果。实行“赶超战略”要最大限度地提取剩余，主要投入到重工业中，以建立独立的工业体系，中国也因此形成了多年来无法改变的“二元经济”结构。但最大限度地提取剩余意味着最大限度地提高积累的比例，那么消费的比例必然要压缩到最低，居民的收入水平低也就是必然的了。要在高积累、低消费条件下实现社会稳定，以当时的生产力水平，最多只能保证人民的温饱，唯有实行“平均”的分配方式，才能保证全体人民的生存和社会安定。因此，经济转型前，工业化并未造成中国居民之间收入水平差距的明显扩大，但已经造就了“二元经济”结构。

美国经济学家刘易斯指出，发展中国家在发展过程中最基本的经济特征是以工业部门和农业部门为代表的“二元经济”发展模式。他认为，传统农业部门由于资本投入不足，人口迅速增长，土地有限，根据边际收益递减原理，农业劳动力的边际生产率会非常低；而与此相对应的是，工业部门劳动力的生产率较高，这就决定了农业部门的收入要低于工业部门的收入，从而造成城乡差距。可以认为，城乡差距的根本原因在于生产力发展水平的不同，在一定经济发展阶段，工业代表着先进的生产力，农业生产因自身具有的不确定性，加上土地生产力的有限性和农业技术进步的缓慢，使得农业部门的生产要远落后于实行机械生产、技术快速进步的工业部门。从理论上说，经济运行可以自行消除城乡差距，刘易斯的“二元经济”模型对此进行了说明。当然，这一过程会很漫长。库兹涅茨倒U形曲线也表明贫富差距与经济增长之间存在一个先拉大后缩小的趋势。但在经济学理论中，“二元经济”结构理论在解释关于收入差距拉大这类社会经济问题上，并不属于基础理论，其适用性具有明显的地域性和历史阶段性的限制。实际上，在实行市场经济的条件下，经济的自主运行有可能导致城乡收入差距的发展陷入一个恶性循环。因此，多数国家在进入工业化中期阶段后都会努力采取措施来平抑城乡差距。

2. 工业化与城乡居民收入差距

各国的发展历史表明，城乡差距是工业化进程中普遍且长期存在的现象。19 世纪初，李嘉图就指出导致城乡居民收入差距的根源在于工业和农业两部门的生产方式和产品需求方式不同。一方面，农业部门存在收益递减规律，而城市工业则表现出收益递增趋势；另一方面，农产品的收入需求弹性较低，工业品的收入需求弹性较高。20 世纪中叶，克拉克指出，在工业化进程中，农业产值在 GDP 中的比例下降速度超过其就业比例下降的速度，将导致农业劳动者收入水平低于城市就业者的收入水平，从而形成城乡居民收入差距。

我国工业化进程迄今经历了三个阶段：超常规的重工化起步阶段（1953～1978 年）；结构纠偏的轻重工业均衡化阶段（1979～1992 年）；重工化加速发展的产业结构高度化阶段（1993 年至今）。[①] 用工业产值在国民生产总值中的比重来衡量工业化水平，我国从 20 世纪 80 年代以来，工业化水平就不断提高，工业产值占国民生产总值的比重不断增加，但与此同时，城乡居民收入差距也逐渐拉大。1978～1984 年，农民收入增长速度较快，城乡差距在 1984 年缩小到历史上最小距离。但从 1984 年后，农业从业人员占总就业人员的比重下降速度开始慢于农业产值在国内生产总值中比重下降的速度，随之而来的是城乡差距的不断拉大。[②] 这种情况的发生与中国经济体制转型是密不可分的。进入转型期后，城乡收入差距之所以急遽扩大，根本原因在于体制转型彻底改变了

① 冯飞：《解读新中国的工业化进程道路》，载《中国经济时报》，2003－03－20。

② 江永红、段若鹏：《工业化、市场化与城乡收入差距研究》，载《中共中央党校学报》，2007 年第 2 期，第 56 页。

中国经济发展的模式和环境，使“二元经济”的负面影响深刻、全面地表现出来。

目前，我国经济发展已经进入一个关键时期，在缩小城乡居民收入差距方面，不能指望工业化发展自身的规律来平抑城乡差距。从我国不同地区之间的横向比较来看，城乡收入差距与工业化程度成反向关系。如果将我国分为东部、中部、西部和东北 4 个区域，通过计算可以发现，东部和东北地区的工业化水平最高，中部地区次之，西部地区工业化程度最低。与之对应的是，从东部、东北地区到中部地区，再到西部地区，城乡收入差距逐渐拉大。即从区域划分来看，我国东部和东北地区大多数省份工业化水平较高、经济基础较好，城乡收入差距可以得到良好的控制；而中、西部地区该问题则相对严峻。一方面，在中、西部工业化水平较低情况下，城乡差距本来就很突出，缩小城乡差距的任务仍十分艰巨，实现城乡统筹发展的困难比东部地区要大；另一方面，虽然一系列支持农业发展、增加农民收入政策的短期效应明显，但随着工业化水平的提高，按照发达国家工业化进程的影响趋势，城乡差距在一定时间内还会持续存在。

二、城镇化带来的影响

所谓城镇化，简单来说，就是指由于社会生产力的发展而引起的城市数量不断增加、城市规模不断扩大、人口向城市集中，同时城市物质文明和城市文化不断向外扩散，区域产业结构不断转换的过程。城镇化水平是一个国家或地区经济发展与社会进步的一个重要标志。城镇化既是社会现代化的内容，又是现代化进程中必然伴随的结果。

（一）城镇扩张推动农民与土地的分离

在我国城镇化的过程中，伴随着城市的积聚效应和扩散效应，密集分布在农村小块土地上的农民被吸引到城市就业，城市的扩散效应则迫使部分失地农民向非农产业转移。中国的城镇化，是一个数亿人口由农村进入城市的过程，进入城市，这意味着让农民放弃土地这个基本保障。许多农民失地并不是单纯失地，失掉土地有了全新的内涵，它至少包含着以下几方面的内容：一是失掉最宝贵的家庭财富。在城镇化中农民失掉房屋，同时也就失掉了宅基地；二是失掉最基本的就业岗位。许多农民失地不仅是失去了重要生活资料，同时也是失去了重要生产资料；三是失掉最稳定的生活保障。由于我国社会保障制度一度把他们排斥在外，对这一群体连最低层次的需求和保障都不予提供，使得这部分半城镇化的人口成为了城市中新的低收入人群。

（二）农民失地对居民收入差距的影响

在市场经济的条件下，土地对农民来说，已不再是计划经济时代的含义。它不仅是人们通常认为的农民集体所有的生产资料，而且是许多农民生存与发展的重要基础。失地农民在城镇化过程中，失掉的除了土地，还有熟悉的社会环境，这是低成本生活的前提。特别是一些贫困家庭，他们离开农村进入城市后，很难承受比农村高出许多倍的日常生活开支，以及购房、婚育等费用。这些失地农民成为新的低收入群几乎无法避免。

1. 土地补偿严重不足导致农民损失巨大

土地补偿严重不足是失地农民损失问题的要害。补偿是否合理的主要衡量标准应该是，确保失地农民能顺利地完成从农民到市民的转变。征用或使用土地的补偿办法如果还是沿用计划经济时代强制性的低补偿办法，那么失地补偿不仅标准低，而且补偿方法单一，甚至集体资产的损失根本得不到应有补偿。当我国土地补偿标准以种粮产出为基数时，是没有兼顾到土地产出的复杂性的，补偿金会远低于实际应补偿的水平。特别是之前，大多补偿是单一性的货币补偿，而对失地农民的养老保险、居住安顿、重新就业、生活观念和生活习惯转变等因素，都未予以考虑。尽管补偿标准如此之低，仍出现了许多没有直接发放到农户，或者是具体明确到农民，甚至将补偿移作他用的情况。

2. 风险补偿严重不足导致农民陷入贫困

社会身份转换中的风险补偿严重不足是导致农民失地后易陷入贫困的重要原因。农民失地，从本质上说是农民社会角色的一次大转变。这种转变包括从务农转为从事第二、三产业的职业转变，从农村到城市的生存环境的转变，从农民到市民的社会身份的转变。这种转变充满着各种各样的风险。从常理上讲，农民失地就不应该再是农民，理所应当成为市民。从社会公平的原则讲，失地农民从他失地的时候起，就理应享受与城市居民一样的待遇。失地农民在社会身份的转换中，他们承受的社会风险理应由全社会来帮助分担，事实上，解决这种风险的资金已包含在他们失去的土地的价值里了。然而，在目前征用或使用土地的补偿实践中，在享受失业保障、医疗保险、工伤保险以及住房、接受教育、培训和接受法律援助方面，失地农民还无法享受与城镇居民同等的待遇①，这种情况直接导致了失地农民的困难处境。

① 周琲：《对城市化进程中失地农民问题的思考》，载《山东省农业管理干部学院学报》，2007 年第 1 期，第 16 页。

第五章

转型期中国居民收入差距的影响

转型至今，居民收入分配状况对我国产生的影响已十分复杂。这个影响很难一概而论，既有各种收入差距必然会造成的一般性影响，也有在转型期表现得比较特殊的影响，包括不同性质的收入差距带来不同影响，和收入差距在转型的经济、社会发展背景下产生的有别于其他时期的影响。

第一节　居民收入差距对经济运行的影响

一、不合理的收入差距对经济运行的一般性制约

合理的收入差距给经济增长注入了活力，某种程度上说，是正常的收入差距直接促进了效率的提高，但不合理的收入差距给经济带来的就是制约了。

（一）不合理的居民收入差距不利于总体经济发展

现代经济发展理论认为，GDP 总量的增长并不等同于经济发展，经

济发展比经济增长所涵盖的内容更为广泛与丰富，经济发展不仅包括经济总量的增长，同时还包括经济结构的改善、生态环境的改善、文教卫生事业的发展、社会成员生活水平的提高和贫困的减少等一系列社会经济生活“质”的方面的变化。过去，我们习惯用简单的人均 GDP 指标来衡量发展状况，这是不全面的。实际上 GDP 的增长可能是少数城市、少数地区经济的大幅发展带来的，而经济落后的农村或地区却可能处于低增长甚至无增长的状态，从而掩盖了居民贫富差距悬殊、地区发展不平衡等社会不公平现象。战后拉美国家经济发展的国际经验表明，人均 GDP 一千美元到几千美元的发展阶段是各种社会矛盾的多发期，其中就包括收入差距拉大。拉美国家在 20 世纪五六十年代先后创造过经济高速增长的奇迹，比如巴西，但巴西在人均 GDP5000 美元的经济发展阶段上出现了外债沉重、社会动荡不安等严重的问题，陷入了所谓的“拉美陷阱”，2014 年巴西 GDP 总量有 2. 35 万亿美元，2016 年降到 2 万亿美元以下，而巴西经济衰退的基本原因之一就是巴西贫富悬殊问题一直解决不了。我们讨论“拉美陷阱”，绝不是为了说明我国现在出现各种社会经济问题的必然性，而是警示我们，贫富差距扩大这类基本的社会经济矛盾必须妥善处理。

经济发展应该让同一社会中的所有成员都有平等地分享经济发展成果的权利与机遇，并最终推动个人和社会的全面发展。经济和社会的发展过程表明，经济增长的成果如果不能比较公平地在全部参与者中进行分配，不能被社会成员公平地分享，一部分人就会在增长过程中受到损害，即经济增长伴随的是扭曲的收入分配，这样的增长不可能实现社会、经济和人的全面发展。收入差别和劳动差别的脱节，不但不能产生效率，反而会损伤劳动者的积极性，削弱正常收入差距对经济发展的促进作用；同时，扭曲的收入分配导致广大劳动者在起点和机会上不公平。按照美国著名经济学家贝克尔的观点，市场歧视会影响受歧视群体的收入分配，使其无法改变自身的社会、经济地位，从而进一步受到更严重的歧视，形成恶性循环，我国代际转移现象的发展正是这一论断的现实体现。可以说，如何避免收入差距最终给市场运行带来破坏，影响经济的全面发展，已成现阶段对社会主义制度的历史性考验。

（二）不合理的收入差距不利于经济的可持续发展

自可持续发展概念被提出后，迅速形成了国际上广泛的共识。经济可持续发展有一个基本含义是经济本身应具有持续发展的能力。即经济有较强的发展后劲，具有“匀加速”或“加加速”前进的能力，将来不会出现因“加速度”急剧下降而产生经济衰退现象。一国经济可持续发展的实质是建设和谐经济。所谓的和谐经济就是经济结构要合理，具有较强的增长潜力，经济发展要与国家政策和谐、与社会发展协调、与环境承载能力适应等。但不合理的居民收入差距会对经济的可持续发展产生极其不利的影响：一是高收入居民的支付行为容易引导有限的资源和投资大量流向满足这部分需求的生产部门及相关的服务部门，进而容易造成经济结构的畸形化，使经济的长期发展缺乏合理的结构；二是不合理的收入差距会破坏社会的稳定性，虽然改革是发展的动力，但稳定才是发展的基础，因此经济政策的实施要以正确处理改革、发展与稳定三者的关系为前提，如果收入差距超过社会的可容忍程度，影响到国内环境的稳定，一国经济的可持续发展将无从谈起。

（三）不合理的收入差距破坏市场均衡从而影响经济稳定

市场经济同简单的商品经济不同，它是建立在社会分工基础上以货币为媒介的高级阶段的、复杂的交换经济。市场经济正常运行的基本要求是均衡，失去均衡，交换就难以进行，生产周期难以循环接续，市场经济就会失去了它应有的活力。如果长期存在较大的收入差距，会导致收入低下的群体、地区制约市场潜力，不利于消费需求的形成，影响再生产的顺利进行和经济稳定性。这是显而易见的过剩问题与不合理的收入差距之间的关系。商品过剩会让市场经济的危机因素越积越多，毕竟过剩意味着债务风险。虽然市场经济离不开债权债务关系，但债务因素积累过多，不但会让债务人破产，同样会导致债权人破产，产生“多米洛骨牌效应”。

不合理的收入差距不仅不利于商品市场的均衡，同样不利于劳动力市场的均衡发展。劳动力在产业之间的流动是通过收入水平这个信号传导机制实现的，如果收入分配不公平扭曲这种传导机制的信号，将可能导致劳动者择业不符合经济发展需求，直接或间接地恶化就业状况，不仅会对劳动力市场的健康发展产生负面影响，也不利于经济发展的平衡稳定。即当不同产业之间的劳动者存在显著的收入差异，易导致劳动者过度向收入高的产业流动，造成某些产业的劳动力供求失衡，比较典型的负面影响是出现大量失业。例如，高校生出于薪酬水平考虑，在专业选择上过于集中于某些行业，这些行业劳动力供过于求同时也就意味着可能出现大量的就业困难现象，这也是一种人力资源的浪费。

二、转型期居民收入差距影响经济运行的特殊表现

在特定时期发生的收入差距都有其独有的特点及特殊的影响。从宏观层次上讲，收入差距问题是整个社会经济运行的一种结果，并与经济发展产生互动影响，这一点在转型期表现得尤为明显。

（一）腐败导致的收入差距扭曲了经济运行的激励机制

腐败造成的收入差距催生了瓜分财富的膨胀欲望。权力渗透分配领域后，庞大的国有资产成了令人垂涎的对象，如何在转型过程中从公有资产中获取私人利益，是不少利益主体腐败的动机。这种情况不仅大大扭曲了市场配置资源的功能，导致社会财富的创造与财富的分配不能统一，同时也挫伤了人们创造财富的积极性。这种收入分配领域中扭曲的激励机制对经济运行显然有百害而无一益。当权力不仅是地位与身份显赫的象征，而且是获得高收入的重要保障时，那么，社会成员就会倾向于为获取权力而奋斗，而不是积极参与劳动创造，设租与寻租就会有很

大的市场空间，从而造成大量资源的流失和非生产性浪费，影响经济运行的资源投入。

（二）不公平竞争导致的收入差距影响了经济的健康运行

收入差距有正常的收入差距和非正常收入差距的区别，不同性质的居民收入差距会对经济运行产生不同的影响。转型期出现的城乡分割、行业垄断、地区封锁造成的分配不公破坏了公平竞争机制。不公平的竞争使市场的动力机制失灵，优胜劣汰不能通过市场检验来真正实现，往往导致非正常的收入差距。无论是劳动收入还是非劳动收入中，只要存在非正常差别，一般多产生于机会不均等和机制不健全，即一方面来源于机会不均等条件下的垄断和特权，另一方面来源于体制上的漏洞。

从经济效率的角度观察，这种差距的影响十分消极，这种不公平竞争造成的收入差别对经济运行的健康很不利。例如，国有企业改革前，大量无效企业借助种种非市场的力量而长生不死，不仅浪费了宝贵的资源，也挤占了真正有效率企业的发展空间，使经济体系的整体效率下降。从国家统计局的统计数据上看，近年来由于竞争起点和竞争机会的不公平形成的收入差距并没有显著改善。这种收入差距在转型期比较特殊的影响在于加重体制中的不合理因素，尤其不利于我国改革的顺利推进和经济的健康运行。

第二节 居民收入差距对消费与投资的影响

收入差距对经济领域的影响很宽泛，但对消费和投资的影响比较突出。这是因为分配连接着生产和消费两个环节，收入差距作为分配领域的问题，直接影响着投资和消费的开展。

一、不合理的收入差距对消费与投资的一般影响

一般而言，合理的居民收入差距将会划分出不同水平、不同层次的消费者群体，创造新的商品需求，有利于商品生产的发展和商品种类的丰富。但不合理的居民收入差距将导致消费结构断层，影响产业结构的正常调整和升级。

（一）对居民消费的影响

1. 对居民消费结构的影响

不同收入水平的居民因其不同的支付能力而对商品消费有着不同的偏好，过大的居民收入差距往往意味着居民消费层次的不合理分布。供求矛盾是现代市场经济所无法回避的问题，其实质是生产与消费的失衡，对社会再生产的开展十分不利。收入分配不公不仅严重扭曲了需求结构，还会使产业结构的调整与升级受阻，进而引发结构性经济过剩，导致供需的进一步失衡。一方面，大量的低收入群体只能消费基本的生活必需品和少量的低端工业品；另一方面，少量的高收入群体甚至对目前技术含量最高的工业品的消费也可能已经饱和，至于中端产品早已退出他们的消费领域。

这种居民消费结构意味着对中端产品的需求出现了断层，使生产结构的调整升级变得更加困难。一方面，夕阳产业无法淘汰；另一方面，中端产业无法发展。同时，由于高收入群体需求有限，使得高端产业缺乏支撑。这样一种畸形的需求结构不仅与正常的生产结构不协调，而且如果收入的增加更多地集中于少数人手中，大部分人收入增加缓慢，则升级产品的市场规模将变得十分有限且扩张困难，使企业难以通过技术创新与进步提升产品档次获得成功。这样一来，旧的消费热点难以持续，新的消费热点又很难形成，导致生产与消费的矛盾不断加剧。在消费更新换代受阻的影响下，市场出现一种低水平的“相对过剩”。

这种“过剩”造成的市场“饱和”最终会导致需求萎缩、生产衰退和经济增长乏力。我国出现的大量产品的产能过剩，就从事实上就充分证实了这一点。由此可见，不合理的居民收入差距对居民消费结构的负面影响。

2. 对居民消费总量的影响

合理的居民收入差距是经济发展的结果。从过度平均的收入分配年代过渡到存在居民收入差距的年代，一定的收入差距会提高社会成员的生产积极性和主观能动性，促使物资贫乏的产品短缺状态向物资丰富的状态过渡。这些变化给居民消费带来积极影响是必然的，至少消费总量会得到大幅提高。但能带来这些积极影响的收入差距是有一个合理范围的，如果差距过大，就会导致了消费领域出现新的矛盾和问题。过大的居民收入差距会降低一国居民的总体消费率。宏观经济理论认为，不同收入群体的边际消费倾向是不相同的。一般而言，高收入阶层消费倾向低，低收入阶层消费倾向高；低收入群体的消费倾向高于高收入群体，而高收入群体的储蓄倾向高于低收入群体。在居民收入差距扩大的趋势下，一部分人收入增长很快，他们的消费虽也增长，但伴随着边际消费倾向递减的影响，消费增长会慢于收入增长；另一部分人的边际消费倾向虽高，但收入增长缓慢，甚至可能处于零增长或负增长状态，他们的消费意愿虽强却没有足够的消费能力。所以说，收入差距的过度扩大会抑制总消费规模和有效需求的形成，易导致经济发展受到内需不足的制约。

（二）对居民投资的影响

资本积累包括两个方面，即物质资本的积累和人力资本的积累，二者都是影响经济增长的重要因素，且都与收入分配有密切的联系。事实证明，收入分配的差距对两者都有不可忽视的影响。

1. 对民间投资积极性的影响

合理的收入差距扩大将带来金融资产的合理积聚，有利于货币资本持有者对证券市场、非公有制经济等领域进行投资，从而有利于增加税收、拓宽就业渠道；不合理的居民收入差距则会对投资会产生负面抑制作用，不利于物质资本的积累和增强经济活力。民间投资主要集中于企业规模扩张、产业结构调整和技术提升方面，民间投资的积极性取决于投资回报。虽然为促进经济增长，政府会通过各种政策、手段鼓励投资，但由于收入分配差距过大会引起诸如消费不足等经济问题，最终会导致不利于民间资本积累的后果，主要表现为市场疲软会降低民间投资的积极性，导致资本的“相对过剩”。

2. 对人力资本投资积极性的影响

合理的收入差距通常有利于人力资本的积累，它将会激励处于任何一个收入阶层的人改善自身及其子女的教育状况，增加人力资本积累，尤其是会激励低收入阶层努力通过人力资本投资改变目前所处的不利的分配地位，同时也促使处于相对高收入的阶层为了保住自己的相对优势，不断追加人力资本投资。这样就会形成一种相互竞争的良性互动机制，使全社会人力资本水平不断提高，促进经济的不断增长。

不合理的居民收入差距不利于人力资本的积累，将会对人力资本积累起抑制作用。从长远看，过大的收入差距会造成居民家庭对教育投资水平差距的扩大，形成教育投资水平与收入水平之间的循环效应，给未来低收入群体的形成埋下伏笔。其原因在于，在合理的分配秩序遭到破坏的情况下，人力资本积累与收入水平之间的相互关系就会变得模糊甚至被切断，一方面，激励社会大众进行人力资本积累的机制受到干扰，社会对人力资本投资的整体积极性就会降低；另一方面，如果居民收入差距过大，就会出现一个庞大的低收入群体，由于其收入水平的限制，他们不仅对自身及下一代人力资本的投资能力十分有限，而且由于其收入水平与高收入阶层相差太大，而导致缺乏通过人力资本投资改变现实的积极性。这种情况必然会严重影响劳动者素质的提高，不利于发挥经济增长潜力和形成经济的持续性增长。

二、转型期居民收入差距影响消费与投资的具体表现

在经济体制转型的特殊背景下，收入分配领域出现的许多问题都是转型期特有的，并在我国收入差距的扩大时期，从“质”与“量”两个方面表现出对消费与投资的具体影响。

（一）居民收入群体分布失衡降低了我国的居民消费率

中国转型过程中的阶段性发展经验和西方发达国家的历史经验都证明，收入差距过大会导致有效需求不足。当然造成中国有效需求不足的原因肯定不是单一的，但实证研究显示，基尼系数和消费倾向之间呈极强的负相关关系，从而印证了收入差距扩大对社会消费需求存在负面影响。

在我国的收入分布结构中，少数群体收入过高，中等收入群体规模不显，而低收入群体规模则相对过大。由于社会收入过分集中在高收入阶层，整个社会的消费倾向下降，导致我国长期以来的居民消费率偏低。例如，从数据来看，我国居民消费率“六五”时期平均为66.1%，“七五”时期平均为63.4%，“八五”时期平均为58.7%，“九五”时期平均为59.5%，[①] 居民消费率从1991年48.8%下降到2005年38.2%，[②] 同期世界平均消费率却高达78%～79%。其他国家在人均GDP1000美元左右时，如菲律宾、印度尼西亚、泰国，消费率分别为81.2%、78.8%和68.9%，[③] 由此可见，在收入差距急剧扩大的1995～2005年，我国的消费率明显偏低，这是与经济发展水平很不相适应的，

① 迟明霞：《最终消费率较10年前下降10%：做大消费越做越难》，载《中华工商时报》，2007-01-10。

② 聂晶、文婧：《苏宁：金融调控直面经济结构性矛盾》，载《经济参考报》，2006-11-24。

③ 虞杭：《“十一五”中国经济聚焦消费拉动》，载《体制改革》，2006年第1期，第10～11页。

大大削弱了消费需求对经济增长的作用。而消费不足又会反过来造成商品难以出清，进而导致企业开工不足、利润率下降、社会失业增加，促使居民收入差距进一步恶化。根据劳动和社会保障部 2005 年的数据显示，城市中 10% 的高收入群体占全部城市财富的 45%，[①] 这一部分人口由于数量很少，消费增长速度有限，对消费需求的拉动能力较弱。而另外 90% 的人口中低收入居民数量庞大，占有的财富极少，消费能力很弱，其过低的收入水平，特别是不乐观的收入预期，决定了他们的消费将十分有限。这两方面的因素将最后引致整个社会平均消费倾向的下降，根据国家统计局公布的数据显示，我国的最终消费率在 2010 年跌落到改革开放以来的历史低点 49.1%，这是因为居民消费率下跌到 35.9% 的最低值，此后几年消费率逐年回升。到 2016 年，最终消费支出对 GDP 增长的贡献率达到 64.6%。事实证明，在居民收入差距扩大的时期，我国总体消费规模受到了很大的负面影响，经历了居民收入差距连续多年下降后，不合理的居民收入差距有所改善，我国总体消费情况也得到了改善，消费对经济的贡献水平也更高。

（二）转型期居民收入差距的特殊状况导致居民消费断层

由于我国居民收入分配差距的特殊性，使高、低收入群体存在着消费断层：一方面，一部分人还停留在 20 世纪的消费水平上，彩电、冰箱、摩托车等的消费需求并未完全满足。另一方面，一个收入很高、人数很少的群体，有能力购买豪宅、豪车等奢侈消费品，但其规模还十分有限。这种现象致使我国的产业结构处于一种两难的选择。于是，一些产业生产能力过剩，但又不能退出市场，只好压价竞争，如彩电产业；而一些技术密集型产业尚未充分成长，产业技术在低层次徘徊，影响了我国产业结构的升级。据全国商业信息中心提供的全国市场主要商品供

---

① 劳动和社会保障部：《我国居民收入存在六方面差距（图表）》，载《新华网》（http：//news. xinhuanet. com/），2005 年 6 月 17 日。

求情况表明，1995~2005年，供过于求的商品比例不断上升：1995年为14.6%，1996年为9.1%，1997年为31.8%，1998年为33.8%，1999年为80%，2000年为79.6%，2001年为83%，2005年下半年全国600种主要消费品中，供求基本平衡的商品有172种，占28.7%；供过于求的商品428种，占71.3%，没有供不应求的商品。2007年6月底，商务部就2007年下半年600种主要消费品市场供求状况进行调查分析的结果显示，部分消费品供过于求矛盾有所加剧，主要集中在电器、服装服饰、鞋帽、钟表眼镜等工业消费品领域，① 显示出在这一时期消费断层的显著特点。为了应对国内一些产业产能过剩的问题，我国一度十分依赖外部市场，这使我国企业的市场风险变得更复杂。遇到外部风险时，抗风险能力薄弱的企业往往会面临重大的经济损失，2008年我国不少民营企业在国际金融危机中的表现是典型的例子，正是因为内需不旺，我们才依赖外部市场，当外部市场出现波动，我国外向型的企业就会变得非常被动。

（三）转型期居民对收入的预期导致居民储蓄倾向升高

由于我国居民收入差距在前一段时间持续扩大，特别是普通劳动者（包括农民工）收入低并且长期收入增长缓慢等因素的影响，共同降低了国内居民对收入增长的预期，会使他们对收入差距更敏感也更警惕。1998年以来，政府收入快速增长挤压了居民收入增速，致使居民实际收入增长在其后多年低于GDP增速。这种失衡直接削弱了居民消费增长的动力，一方面，政府财政收入的迅猛增长挤压了居民收入增长的空间；另一方面，在我国政府转移支付和社会保障不足的影响下，居民在安排可支配收入的使用时，中、低收入人群预防性的储蓄倾向上升。原本在传统消费观念和消费习惯的影响下，人们的消费就大都是量入为出，而

① 商务部市场运行司：《2007年下半年全国600种主要消费品供求状况调查分析》，载《中华人民共和国商务部网站》（http://www.mofcom.gov.cn/），2007年9月19日。

转型期居民对收入和经济预期的不确定性，进一步强化了这种倾向，导致储蓄率一直居高不下，维持在30%以上，这在世界各国中是比较罕见的现象。消费需求的形成不仅取决于即期收入，还取决于人们对未来收入的预期，而对收入的预期又与人们对国家经济政策和经济形势的预期密切相关。目前，我国正在进行的经济体制改革、机构改革、住房制度改革、社会保障制度改革、教育体制改革、医疗制度改革等等，都直接影响到人们的收入和支出水平。在当前的经济、社会环境下，人们可以预见的收入增长仅仅是工龄和职务工资等有限的几项，面对激烈的竞争压力、就业压力以及日益与市场挂钩的医疗费用、子女教育费用等等涉及切身利益的社会变化，必然会强化自身的储蓄倾向。在居民甚至要压缩原有消费的基础上，新消费需求的形成就无从谈起了。

（四）转型期居民收入差距对投资的特殊影响

首先，不合理的居民收入差距最终会产生抑制投资的效果。从21世纪初以来，我国有一段时间的经济发展呈现出依赖投资拉动和生产资料内部循环增长的特点。短期内，看似投资旺盛，但这种经济发展情况与总体消费需求疲软有很大关系，从长远来看，收入差距持续过大导致社会消费受到抑制，引致市场中的价格信号将迅速使投资的预期边际收益率降低，最终还是会抑制我国投资的增长。

其次，不合理的居民收入差距不利于人力资本的积累。居民收入差距过大，将会对人力资本积累起抑制作用。我国公立高校的学费，无论是按占高校经常性支出的比例还是占居民收入的比例已经达到了很高的水平，这除了我国学费制度形成的体制性原因之外，一个最基本的原因就是我国城镇化水平和居民可支配收入水平差异的制约。普通高等学校的学费与各地区人均GDP及城镇居民可支配收入呈正相关。经济发展水平越好的地区，高等学校收费水平也越高，并且收费水平随着城镇居民可支配收入的增加而增加。这是因为1996年教育部提出高等教育成本补偿属地化，在实施的过程中，学费标准的确定要依据本地区的经济发展水平。我们基本上可以得出这样的结论：尽管居民高等教育投资水平受其历史及其他众多因素的影响，但经济发展水平及居民收入水平越高的地区，居民对高等教育消费的能力也越强。从我国的现实来看，随着教育体制改革的深入，公民接受教育的成本将会越来越高，但与此同时，由于收入差距的不合理扩大，大量处于贫困状态的低收入阶层很难支付高昂的教育费用，因此，低收入阶层靠增加人力资本投资来改善自身处境的可能性受到了很大的制约，这将进一步强化不平等的可能性，也不利于国家整体高等教育投资水平的提高。

第六章

中国与其他转型国家转型期居民收入差距的比较

我国居民收入差距问题的复杂性远远超过我们的想象，在这种情况下，中国不仅要立足于国内的特殊国情，吸取和借鉴世界上其他同类转型国家的经验也十分必要。对中国与其他经济体制转型国家（原实行公有制计划经济国家）的居民收入差距情况进行比较，有助于我们更深入、全面地了解居民收入差距的变化特点，更好地进行调节。

第一节　亚洲转型国家的居民收入差距

一、亚洲转型国家转型期居民收入差距的变化

除中国外，亚洲向市场经济转型的国家主要包括中亚五国——吉尔吉斯共和国、土库曼斯坦、哈萨克斯坦、乌兹别克斯坦、塔吉克斯坦，以及蒙古国和越南等国。

（一）亚洲转型国家转型概述

1. 中亚五国

从公有制为基础的计划经济体制向以私有制为基础的市场经济体制的转型过程，中亚五国缺乏本国特色，并在很大程度上受到外国和国际组织的影响和左右，其中主要是俄罗斯和国际货币基金组织。中亚五国的转型方式并不相同，乌兹别克斯坦、土库曼斯坦实行渐进式，哈萨克斯坦、吉尔吉斯共和国实行“休克疗法”。

乌兹别克斯坦和土库曼斯坦在经济体制转型和经济结构调整的过程中较为平稳，在改革之初提出五项方针：经济优先于政治；国家是主要的改革者；法律至上；实行强有力的社会保障措施；分段进行市场经济过渡。[①] 乌兹别克斯坦的经济改革主要有以下六个方面：实行自由竞争的经营机制；减少国有经济的比重；建立市场经济体系；与世界经济接轨；强调国家的宏观调控职能；形成完善的社会保障制度[②]。土库曼斯坦力求改革稳妥，坚决摒弃“休克疗法”，实行分段改革现有体制的方针，逐步向市场经济过渡和转型，以建立“有强有力的社会保障的市场经济”为体制转型目标。

哈萨克斯坦等国也纷纷为建立一套完整的市场经济体制而进行经济改革，包括放开物价、实行私有化等措施。虽然，哈萨克斯坦、吉尔吉斯共和国等国领导人并没有明确说过要实行休克疗法，但独立后最初几年的经济转型却是按照俄罗斯的休克疗法进行的。因此，它们经济改革的后果与俄罗斯极其相似，出现了社会生产大幅下降，恶性通货膨胀，财政赤字扩大，人民生活急剧恶化，收入差距迅速扩大等不良后果。其后，哈、吉等国进行调整，采取了一些渐进措施，试图找到一条适合本

---

① 陈明山、何希泉：《中亚地区目前形势即发展前景》，载《现代国际关系》，1997 年第 2 期，第 25 页。

② 王国英、孙壮志：《乌兹别克斯坦的经济体制改革》，·载《东欧中亚市场研究》，2002 年第 2 期，第 34 页。

国的国情的“新道路”，能兼顾市场经济和社会主义的要求。

塔吉克斯坦实行了介于上述两种发展模式之间的经济发展道路。受多种因素的影响，尤其是受民族争端和自然资源局限突出的国情所限，塔吉克斯坦经济发展相对缓慢，其结构性改革主要是1997年6月内战结束后在国际金融机构的督促下才全面展开的。在国际金融机构的大力援助下，塔吉克斯坦实施了三个阶段的改革：第一阶段，1995～1997年，完善基本法律，改组农业部门，小企业私有化，1997年通过立法确立了国家私有化的框架；第二阶段，1998～2000年，实行企业私有化，同时建立高效的金融、信贷和税收制度；第三阶段，2001年至今，提高经济现代化水平，尤其是建立高效机制，改善基础设施，实行大规模的社会经济保障计划。目前，塔吉克斯坦已初步建立了经济市场化所需要的框架，但由于国情特殊，塔吉克斯坦没有能把握好经济体制转型和政治发展的相互关系（见图6－1）。

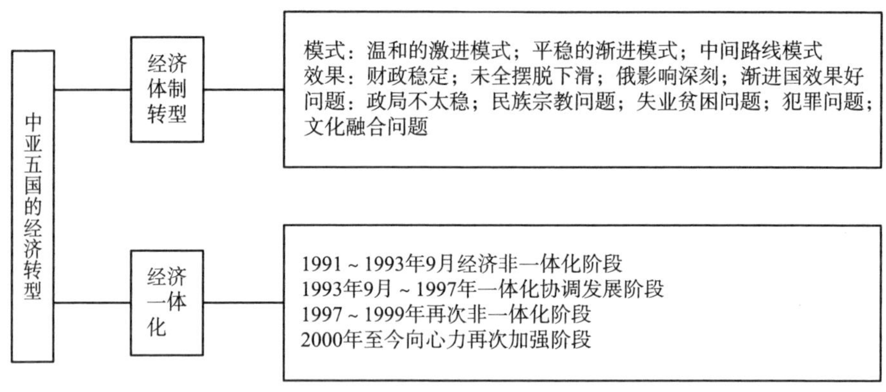

图6－1　中亚五国的经济转型

从转型最初的十年实践来看，五国经济状况就已不同。从GDP的统计数据来看，采用渐进方式的乌兹别克斯坦的经济形势要好于采用休克疗法的哈萨克斯坦和吉尔吉斯斯坦。到2000年，独联体国家经济普遍增长，基本摆脱了长期停滞不前的局面。但从整体上说，中亚各国经济改革并未消除全体人民的贫困，也未改善各国人民的社会福利、文化教育和医疗卫生的条件。通过经济转型实现经济结构调整和社会成员生活水平提高的目标尚有待继续努力。

2. 越南

越南的经济体制改革（越南称之为“革新”）于 1979 年酝酿并着手进行。在 1979 年至 1985 年这一段时间，越南仍然是以计划经济的思想作为指导思想，革新是在传统计划经济体制的框架内进行的，因而并不是真正意义上的改革。由于按计划经济思想行事在实践中失败，经济形势严峻，越南于 1986 年召开的第六次党代会正式承认了商业生产和市场经济的客观存在，批评了中央计划经济、官僚经济和补贴经济，并决定向市场经济转化，同时还决定发展多种所有制经济，这标志着越南改革开始正式启动，大体可分为两个阶段。

第一阶段为 1986 ~ 1995 年，主要是在商业领域进行市场化，放开价格。越南在经济体制转型和经济结构调整的过程中，对价格机制进行了彻底改革，实行价格自由化，由市场决定价格。在这一阶段，商品和劳务价格基本上已经放开，除水电、石油、化肥、农药的价格仍由国家控制外，其他完全由市场确定。

第二阶段为 1995 年至今，由价格改革推进到企业改革和其他方面的改革。总体上，在所有制结构改革、国企改革方面，越南采取了较为平稳的、渐进的过渡形式。在所有制改革方面，越南坚持了两个要点。第一，公有制为主体。越南社会主义定向的市场经济包括多种所有制形式、多种经济成分，承认各种经济成分都是社会主义国民经济的组成部分，所有制成分划分为国有经济、合作经济、国家资本主义经济、个体与小业主经济、私人资本主义经济、外国投资经济 6 种。越南强调，发展多种所有制经济是越南过渡时期生产力发展的客观要求，但“不能以私有制为主导”，因此，在越南国有经济占主导地位。第二，积极发展非公有制经济。越南对非公有制经济的发展是全方位的，越共九大明确指出，要在法律允许的行业中鼓励私人资本主义经济的广泛发展，要在政策法规方面为其发展提供宽松的经营环境，以保证私有经济与其他经济成分具有同样平等发展的权利和条件。目前，私有经济在越南获得快速发展并对国民经济发挥了重要作用。在国有企业改革方面，主要是实行放开政策。在分配制度、政府体制方面，改革方式与中国大同小异。

越南经济转型的实质和目标，就是要从根本上改变束缚生产力发展的经济体制，建立充满生机和活力的经济体制，通过全方位的、配套的市场化改革发展经济。

3. 蒙古国

蒙古国从1990年开始实行经济自由化，对蒙古国社会有着深远的影响。原苏联东欧剧变后，蒙古国选择了以根本的社会制度变革为前提的激进模式，采取了以国有资产私有化为核心的一系列重大改革措施。

蒙古国实施自由经济市场体制之后，推行了包括政府机构重组与分权、鼓励发展私营经济、鼓励中小企业、施行分税制、银行重组、国有企业私有化、牲畜私人所有、扩大贸易关系、引进外资等等在内的一系列改革措施。蒙古国的私有化改革主要是实行私有化改制，引进外资管理国有企业。目前，蒙古国超过80%的经济实体是私营，而在1990年几乎是不存在私有企业的。依据发展私营部门的目标，蒙古国批准通过了“2005～2010年中小企业促进”项目。项目的主要目标是培育私营中小企业竞争力、创造有利条件，促进非官方认可的中小企业经营的合法化，以创造就业。在政府的有力推动下，自2007年1月随着新修订的税收法律开始生效，私营企业和公司开始享有有利的法律环境。这些措施都有力地推动了蒙古国的经济转型。在转型带来的影响下，自1990年起，蒙古国的就业结构就发生了巨大变化：政府部门的雇员大幅度减少，自雇劳动者的比例迅速上升。非正规部门经济迅速增长，为大量劳动人口提供了收入来源。蒙古国选择“休克疗法”实际上是试图尽快进入市场经济以减轻给人民带来的痛苦，但由于苏联不再提供援助，加上极端的私有化政策，造成国民生产总值一度严重下降。

（二）亚洲转型国家转型期居民收入差距的变化

由于经济体制和基本社会制度的相似性，亚洲转型各国的收入分配领域都经历较大的变化。从基尼系数的表现来看，均出现了贫富两极分化现象。

1. 中亚五国转型期收入分配及居民收入差距的变化

中亚五国独立以来，经济转型不仅引起国民经济的结构性转变，也带来了社会利益与财富在新经济关系中的再分配。转型前，社会结构在中亚各共和国之间没有本质上的区别，属于阶级和阶层划分不太清晰的社会，除了权力因素之外，社会财富分配方式带有平均主义倾向，"社会成员之间只有社会劳动分工的不同、劳动收入上的微小差别，不存在拥有资本、支配生产资料的阶级和阶层，社会利益的分配仅仅是由社会制度决定的国家（官方）政策行为。"[①] 但中亚五国的市场化和私有化打破了传统的社会主义分配原则。在社会剧变的过程中，"两个阶级、一个阶层"的社会结构荡然无存，形成了新的社会阶层与分配模式，中间阶层发育缓慢、规模有限，社会结构呈"金字塔"形态，贫富差距更显悬殊。

在中亚五国社会转型过程中，最能够说明收入差距扩大特征的客观事实便是贫困化现象的普遍存在、中等收入阶层缺失和贫富两极之间的巨大差异。由于转型带来了经济危机、通货膨胀，国家经济发展停滞，经济总量下降影响了居民收入分配的基础。据乌兹别克斯坦经济中心发布的《1999 年乌兹别克斯坦人权发展报告》统计，在 20 世纪 90 年代初的经济大衰退时期，生活在贫困线以下的人口激增，中亚五国有 1/2 以上的居民沦为贫困阶层，1987 ~ 1988 年，哈萨克斯坦贫困线下人口比例最低为 5%，乌兹别克斯坦较高为 24%，到 1993 ~ 1994 年，哈萨克

① 李景阳著：《基本经济制度转变中的社会冲突——对俄罗斯的实证分析》，东方出版社 2002 年版，第 12 ~ 13 页。

斯坦贫困线下人口比例上升为50%，吉尔吉斯斯坦为84%，土库曼斯坦为57%，乌兹别克斯坦为47%。科沙诺夫认为，在塔吉克斯坦和吉尔吉斯斯坦，该比例甚至一度超过了90%。而据世界银行统计，进入21世纪，中亚五国的情况虽然有所改善，但贫困依然十分普遍。日均生活费用不足2美元的穷人在总人口中的比重，哈萨克斯坦占到24.9%（2003年），吉尔吉斯斯坦达24.7%（2002年），塔吉克斯坦达42.8%（2003年），乌兹别克斯坦高达71.7%（2000年）。[①] 另有资料表明，2000年哈萨克斯坦10%收入最高的人群与10%收入最低的人群收入差距为11.9倍。[②] 由此可见当时居民收入之间巨大的差异，以及惊人的贫富分化速度。

收入分配领域的一些指标变化也清楚展示了经济转型方式带来的影响。以基尼系数为例，在亚洲转型国家中，基尼系数超过0.35的国家基本上都是中亚国家和俄罗斯，而且俄罗斯和中亚两个经济转型国家（土库曼斯坦、吉尔吉斯共和国）的基尼系数均一度超过了0.4（见表6－1）。

表6－1　　1987～2016年部分年份亚洲转型国家的基尼系数

国家＼年份（年）	1987/1988	1993/1995	1997/1998	1999	2001/2002	2003/2004	2007/2008	2012	2013	2014	2015/2016
吉尔吉斯共和国	0.26	0.353	0.405	0.346	0.290	0.352	0.339	0.274	0.288	NA	0.29
土库曼斯坦	0.26	0.358	0.408	NA	NA	NA	NA	NA	NA	0.41*	NA
哈萨克斯坦	0.26	0.33	0.327	NA	0.313	0.30	0.285	0.275	0.263	NA	0.265
乌兹别克斯坦	0.28	0.33	0.447	0.468	NA	NA	NA	NA	NA	0.35*	NA
塔吉克斯坦	0.27	NA	0.347	0.47	NA	0.32	0.322	0.305	0.304	0.308	0.34

① 世界银行编：《世界发展报告》，中文版，清华大学出版社2006版，第277～289页。

② 赵常庆编著：《“列国志”丛书·哈萨克斯坦卷》，社会科学文献出版社2004版，第171页。

续表

国家＼年份（年）	1987/1988	1993/1995	1997/1998	1999	2001/2002	2003/2004	2007/2008	2012	2013	2014	2015/2016
蒙古国	0.24	0.332	0.440	NA	0.33	NA	0.358	0.338	NA	0.32	0.36 +
越南	NA	0.357	0.361	NA	0.35	0.368	0.356	0.357	NA	0.348	0.37 +

资料来源：1987～2003 年数据来自世界银行 *World Development Indicators*（1999～2006）附表；2004～2016 年数据来自世界银行数据库全球国家基尼系数（https://data.worldbank.org.cn/indicator/SI.POV.GINI?end=2005&start=1999&view=chart&year_high_desc=true）；*来自中国社科院世界经济与政治研究所国际投资研究室发布的《中国海外投资国家风险评级报告 2017》，载中国社会科学院世界经济与政治研究所网站（http://www.iwep.org.cn/xscg/xscg_lwybg/201701/t20170119_3390682.shtml）；来自经合组织数据库（http://www.oecd.org/std/oecdfrequentlyrequestedstatistics.htm）；NA 表示未得到有关数据。

2. 越南转型期收入分配及居民收入差距的变化

越南在经济发展之前是十分落后的，国民收入水平低下，存在较为普遍的贫穷现象，但是其在入学率、文盲率和预期寿命等方面的指数却远高于类似收入水平的国家。转型期，越南在经济方面的不均衡发展开始扩大，但起点很低，在居民收入差距的扩大上，相对而言没有其他转型国家那么严峻。越南比较重视应对转型时期经济、社会中出现的各种问题，做出了多方面的努力。

越南一方面重视调节利益矛盾，实现社会公平，通过没收非法所得，严厉查处违法经营获取的暴利，用税收调节合法的超常巨额收入等努力，越南建立了对收入差距和社会公平较为有效的调控机制；另一方面重视缩小城乡差别、地区差距和开展扶贫工作。越南通过逐步实行倾斜政策，加大中部和北部山区、少数民族地区的资金投入，引导富裕地区与落后地区的联合协作，帮助贫困地区进行交通、能源、通信等基础设施建设，改善农民生产和生活条件，通过国家的“消饥减贫”计划、“135 工程”，连续向各个贫困乡拨款，用于基础设施建设、修建学校、医疗站等。越南全国已经普及小学（免费）义务教育，在贫困地区还为入学儿童提供书本和健康保健费用，教师享受国家财政工资。经过努力，这些措施对减少国内贫困群体的规模、控制居民收入差距起到了积极作用。越南的这项经验说明保证社会成员发展的起点公平是控制居民收入扩大的有效途径。在20世纪90年代，越南处于收入贫穷线以下的人口从1990年的60%下降到2000年的32%，越南《经济时报》2015年9月24日报道，根据越南劳动荣军和社会部发布的数据，2014年，越南全国仍有约134万贫困户，占人口总数的5.97%，预期寿命增加了6年，儿童死亡率降低了一半。[①] 在过去三十年里，越南保持了5%~6%的经济增速，人均GDP在2015年达到2300美元，民众的平均收入得到了极大提升，将近3000万人摆脱了贫困。越南的基尼系数从20世纪90年代初开始小幅上涨，但一直到2016年越南的基尼系数都没有超过警戒线，依然是世界基尼系数相对较低的国家之一。不过，国际慈善组织联合会（如Oxfam乐施会）指出，越南富豪收入的透明度不高，实质上的不平等极有可能存在被低估的情况。

越南在转型期也出现了腐败高发的问题，因此十分重视深入持久地开展反腐败斗争。1995年越共就在全国范围内开展肃贪和反行贿运动。1996年八大的主要议题之一就是反腐败，绝大多数代表对腐败问题主张严厉打击。自1997年以来，越南党和国家领导人多次强调反腐败，1998年、1999年、2001年均有相关决议和措施出台。通过强调从严治党和加强法治，完善相关的法律、机制和政策，越南的努力对控制腐败在扩大收入差距上的消极影响起到了作用。

3. 蒙古国转型期收入分配及居民收入差距的变化

转型前，蒙古国基本没有贫困现象，国家提供免费教育和社会服务（由医疗服务、养老保险、伤残保险和生育保险组成）。转型期，这些服务项目都缺乏资金来源，国民接受教育和医疗服务的程度普遍下降。由

---

① 驻胡志明市总领馆经商室：《越媒称越南贫困率降至5.97%》，载《中华人民共和国驻胡志明市总领事馆经济商务室》网站（http：//hochiminh.mofcom.gov.cn/article/ztdy/201509/20150901123209.shtml），2015-09-26。

于失去了计划经济体制下的社会保障体系，低收入群体缺乏社会保障，生存状况恶化，政府也失去了稳定居民收入差距的有力手段。

蒙古国试图通过“休克疗法”推行私有化，尽快进入市场经济，以减轻体制转型的阵痛。但国民生产总值严重下降阻碍了经济的平稳过渡，也使蒙古国历经了一个日益加剧的贫困过程。在受苏联影响的那些年代里，蒙古国基本上没有贫困现象，但 1998 年开展的“生活状况、收入标准和政策措施调查”显示，全国有 36% 的人生活在官方规定的贫困线以下（每月 17 美元），20% 的人处于赤贫状况。城市贫困人口占 57.2%。从贫困的城乡差异来看，根据世界银行的经验，农村贫困的百分比一般较高。在蒙古国较为特殊的是，如果把农村和城市分开考察，其城市贫困高于农村。自 1990 年进入市场经济以来，从牧区向首都乌兰巴托迁移的人口逐年增加。首都乌兰巴托居住着全国人口的 60%，城市无规划地发展导致“帐篷区”的扩张，形成城市贫民窟，高失业率和贫困相伴而生。

为控制贫困和居民收入差距，蒙古国政府不得不采取各种措施，其中包括扶助弱势群体项目、反腐败法制建设，新的社会保障制度也在政府的主导下开始建立，主要由社会保险（包括养老保险、医疗保险、失业保险、工伤保险和其他待遇）和社会福利构成。国会颁布了《社会保障基金失业津贴法》（1994 年）、《社会福利法》（1998 年）、《社会保险法》（1999 年）、《劳动法》（1999 年）、《社会保障基金预防工伤和职业病津贴法》（2000 年）和《医疗保险法》（2002 年）等劳动和社会保障法律对社会保险险种加以规范。从总体上来看，这些措施取得了一定的成效，对控制居民收入扩大起到了积极的作用。据蒙古国家统计局，从 2002 年到 2006 年，城市贫困发生率由 30% 下降至 27.9%，农村贫困发生率由 43% 下降至 37%。从基尼系数来看，根据经合组织（OECD）数据，2016 年为 0.36，没有超过警戒线。不过近年来，由于蒙古国经济下滑，失业率再度攀升。根据蒙古国家统计局数据，蒙古国从 2011 年、2012 年 17% 以上的经济增长水平陷入 2016 年经济停滞的状态，2016 年城镇登记失业人口 3.44 万人，较 2015 年底增加了 4.7%。①

二、亚洲转型国家转型期居民收入差距变化的原因

影响亚洲转型国家居民收入分配的因素多种多样，是了解这些国家居民收入差距变化不可忽视的部分，尤其是与转型相关的因素。

（一）中亚五国居民收入差距扩大的原因

转型过程中，中亚五国的社会分配一度陷入紊乱的变动，但由于原有社会基本制度存在着显而易见的同一性，转型带来的影响也类似，经过总结，这类国家收入差距的变化主要是在以下共同因素的作用下发生的。

1. 体制变化的影响

出于建立市场经济体制的意图，中亚五国都力图明晰产权关系，为经济自由活动创造条件，产权改革成为各国迈向市场经济模式的第一步，也打破了原有的平均主义分配方式。然而，市场经济体制的建设过程漫长，必然存在一个各种制度不健全的过渡期，由于缺乏对转型资产的明确规定和控制不力，在非国有化和私有化过程中出现了巨额国有资产流失，企业转制并没有达到预期的效果，并引发社会分配领域的秩序混乱。

2. 产业结构退化

中亚国家主要以农业、矿产和石油资源开采加工业为主，产业结构较为单一，工业基础相对薄弱。独立后，经济又经历大幅度衰退，各国都在不同程度上出现了非工业化和非城镇化趋势。1991 年，吉尔吉斯共和国从事农业的劳动力在全国就业人口中所占的比例大约是 36%，到

---

① 驻蒙古国经商参处：《2016 年蒙古国民经济运行整体情况》，载《中国驻蒙古国大使馆经济商务参赞处》网站（http：//mn. mofcom. gov. cn/index. shtml），2017 - 01 - 26。

2000 年则增长到 53.3%，塔吉克斯坦从 45% 增长到 65%，土库曼斯坦则从 42% 增长到 48%；与此对应的是从事工业生产的劳动力所占比例的降低，到 2000 年，除了土库曼斯坦，从事工业生产的劳动力在全部就业人口中的比例从 1991 年的 10.4% 增长到 12.5%，其他四国均有明显下降，[①] 大量拥有技术和体力的劳动力处于贫困的边缘。从市场经济国家，包括一些发展中国家的实践来看，农业经济从业人员的比重通常是与经济发展总体水平成反比的。中亚国家经济转型过程中出现的产业结构退化也是这些国家的经济发展在转型中付出了极大代价的证明。

3. 社会分化与社会保障体系的瓦解

转型后，高度均等化的分配机制及原有的社会保障体系也随之瓦解，中亚五国原有的社会结构崩溃。规模庞大、人数众多的劳动者阶层失去了国家长期以来所提供的生存保障，出卖劳动力是他们维持生计的主要途径。然而，由于经济体制剧变引发了经济秩序紊乱和衰退，失业率迅速攀高，促使新生贫困阶层的出现。在这种情况下，雇佣劳动者阶层一方面为国民经济的运转提供必不可缺的原动力，另一方面又源源不断地产生着失业者，构成贫困阶层及赤贫阶层。更糟糕的是，失去了原有的社会保障体系后，新的社会保障制度无法为劳动者提供有效帮助。这个群体作为转型成本的承受者，见证了各种社会不公正现象，与既得利益者阶层或所谓“新富阶层”形成鲜明的反差。

这些导致中亚转型国家居民收入差距扩大的因素都是经济转型的伴生物，它们带来的影响改变了这些国家的社会分配状况，造成了社会不平等的恶化。

（二）越南转型期居民收入扩大的原因

转型时期越南面临诸多挑战，各种因素共同影响着越南转型期经济

① 王嘎：《试论中亚五国经济转轨过程中的社会结构分化》，载《俄罗斯中亚东欧研究》，2004 年第 6 期，第 68 页。

的发展。虽然越南的居民收入差距维持在一个相对较低的水平，但基尼系数也显示出收入差距的发展具有在波动中扩大的特点。

1. 市场机制不健全导致居民收入扩大

（1）权力寻租

随着经济体制转型的发展、深化，越南经济、政治和社会生活中的矛盾和冲突也在增加。由于政治体系不能及时调适，一些不合理、不公正的现象泛滥。越南政党的基层组织在凝聚力和社会控制能力上，也出现了明显弱化的趋势，存在消极、依赖和放弃领导作用的问题，尤其是农村地区，随着集体经济的解体和农村劳动力的流动，很多基层党组织处于不负责任、不起作用的不良状态，带来了一系列不良后果。越南在革新开放过程中十分注重反腐。但这同时也意味着，腐败作为高发于转型期的问题，越南未能免俗。转型中，权力阶层缺乏监督，加上市场经济对意识形态的冲击，带来贪污、贿赂等利用权力设租、寻租的经济犯罪等问题，对越南的收入分配造成了严重的破坏。

（2）分配不公

由于分配领域的制度建设问题，分配过程中出现了机会不均等、同工不同酬等情况，还有一些通过非法手段致富的群体出现，也造成了不小影响。不同地区、不同部门、不同行业和不同所有制领域的社会成员之间的利益分配和收入水平存在很大差别。例如，越南城市与农村之间、平原与山地之间生活水平差别较大，胡志明市和河内等一些大城市人均收入较高，而占人口绝大多数的农村地区收入较低，最贫穷的地区人均收入远远低于全国平均水平。20 世纪 90 年代中期，越南最富裕地区的年人均收入是最贫穷地区的近 20 倍。[①] 2011 年亚洲开发银行公布的资料显示，越南平均每天的生活费在 2 美元以下的贫困阶层达到了 3333 万人，占国民总人数的 40%，但同时相当一部分人也拥有洋房和

---

① 许宝友：《转型时期的越南执政党建设：特点、挑战与应对》，载《科学社会主义》，2001 年第 6 期，第 69 页。

私人轿车。事实上，根据英国独立房地产咨询机构莱坊 2017 年发布的数据，越南百万美元富翁人数和超级富豪人数激增。国际慈善组织联合会 2017 年 1 月发布的报告中显示，越南富豪榜榜首的房地产商 Pham Nhat Vuong（潘日旺）拥有 25 亿美元的净资产，而 200 个超级富豪至少拥有 200 亿美元的财富，相当于整个国家 GDP 的 12%。

2. 就业压力、择业竞争导致低收入阶层扩大

20 世纪 90 年代到 21 世纪初期，随着越南城市化的推进，农村剩余劳动力大量向城市流动，加上快速增长的人口，和国有企业改革，城市剩余劳动力增多和就业岗位不足的矛盾凸显，就业压力增大致使失业人数增加。《越南新闻》（电子版 2001 年 11 月 6 日）登载文章指出，“20 世纪 90 年代中期，越南失业和半失业人口超过 700 万人，约占社会劳动力的 20%”。同时，由于受亚洲金融危机影响，越南经济增长减缓，影响了就业岗位的提供，在 21 世纪前后的几年“平均每年有约 130 万人加入到失业或半失业的劳动大军中来。胡志明市的失业率为 6%，河内达 9.5%，全国城市地区平均失业率为 6.35%。农村地区无工作者超过 61.5 万人，占人口的 5% 以上”。大量的失业人口形成了庞大的低收入人群，成为居民收入差距的扩大因素。

此外，在越南抗议性活动和示威游行等非制度化政治参与形式开始出现。稳定是发展的前提，这些负面因素不利于经济总量扩大，影响收入分配的物质基础，不利于提高大部分社会成员的收入水平，也不利于越南转型期居民收入差距状况的改善。

（三）蒙古国转型期居民收入扩大的原因

蒙古国在苏联解体后受到了极大的影响，加上快速转型等因素带来了经济不稳定，出现了很高的贫困发生率，形成转型期居民收入差距扩大的客观基础。

1. 产业结构单一

蒙古国主要是以生产初级产品为中心的经济结构，经济基本上以矿业和畜牧业为基础，产业结构单一、脆弱。转型初期，蒙古国全国三分之二的人口主要居住在农村地区，从事放牧和畜牧交易。对绝大多数牧民来说，牲畜除了食用以外，还具有作为交通工具、制造服装等用途，这是他们唯一的收入来源。但随着农村地区牧场的私有化，小牧民的收入更加微薄，也更加边际化。对蒙古国劳动力的产业分布的变化进行分析后会发现：转型后，蒙古国农业的份额大幅上升，贸易次之，其他部门几乎都下降了。过度依赖畜牧业，导致居民收入抗风险的能力很差，一旦牲畜大量死亡就足以导致许多人陷入贫困。

2. 新社会保障制度建设迟缓

由于蒙古国的社会保障制度随转型发生了变迁，在过渡过程中不可避免地给蒙古国低收入阶层造成了一定影响。1990 年以前，在计划经济体制下，蒙古国的社会保障制度以消费补贴、由中央财政预算支持的全民福利和国有部门的工资收入三个因素为依据。养老保险制度覆盖社会各个部门，国家还对被确定为“弱势群体”的社会成员提供综合性的社会保护待遇，这在一定程度上控制了居民收入差距的发生。然而，从 1990 年起，旧制度不复存在，新的社会保障制度需要重新建立，面临着诸多的挑战和困难，包括国家财力不足对社会保险和社会救助水平的限制，社会保障欠费和逃避缴费现象的大量存在，社会保障的管理效率和服务质量低下，如何加强全国社会保险委员会的三方机制、改进决策程序等。新社会保障制度的不足导致蒙古国低收入阶层缺乏有效的社会保障，影响了政府对居民收入差距的调控能力。

3. 政策制度过度意识形态化

政策制度过度意识形态化对蒙古国产生了巨大的不良影响。转型后，政府过于追求体制的转变速度，许多政策的转换都缺乏过渡期。例如，原来由政府提供兽医服务，转型后政府不再提供。据统计，这种快速私有化一度致使畜牧业萎缩了四分之一。在蒙古国，畜牧业是最重要的基础产业之一，部分居民的收入在这个过程中大幅降低。过渡时期，蒙古国政治文化的主要特征是议会政体的建立与“多元政治力量之间的权力争夺及政府的频繁更替”。这种政治状况，加上经济体制的不完善，导致蒙古国地下经济发展迅速，这一方面对本来就脆弱的宏观调控机制带来更多挑战，另一方面直接导致了收入差距不断扩大。

三、亚洲转型国家转型期居民收入差距变化的影响

（一）转型期中亚五国居民收入差距扩大的影响

在中亚五国转型期，由于居民收入分配状况恶化，收入差距扩大导致了社会阶层分化的不平衡，隐藏着严重的社会危机。

日本社会学家富永健一指出，在社会结构分化的过程中，往往会产生“同一个人的几个地位变量相互交叉而不一致的状态”，如拥有物质财富而没有良好的社会声望和教育，与之相反，声望很高却很贫困且无权利，这被称作“地位不一致性”。这种“地位的不一致性”在中亚国家表现得较为突出。以中亚国家科研从业人员的境况为例：独立10年后，乌兹别克斯坦从事科研及与科研相关行业的人员比独立前约缩减了一半，在中亚其他国家，从事科研工作的人员的数量比独立前更是锐减了一半以上。这些原本处在较高社会层次的人员在失去基本生存保障之后，向较低社会层次流动，寻找谋生的机会，其中有相当一部分人被社会结构分化的浪潮抛到社会的底层。中亚国家社会发展的艰难历程表明，社会的不稳定容易由处于地位不一致状态中的社会群体引发，这个群体对现实的不满一旦同经济转型中的利益分配不公平相结合，就会导致社会犯罪率上升、社会心理颓丧以及各种极端主义的蔓延。

按照社会冲突的理论，社会结构的分化是社会冲突的根源，是无益的，是造成人类社会发展不公平的主要因素。它是强大群体对弱小群体进行掠夺的结果。社会结构分化所造成的畸形社会形态不仅说明社会发展过程中公平的缺失，同时也代表着社会上层和社会底层之间的关系处于一种对立状态。哈萨克斯坦某些学者指出，社会结构的变

化使社会不断产生新的矛盾，因为贫困者不甘于自己的贫困状况，正在为自己正常的生存而斗争。哈萨克斯坦学者所说的因社会结构变化而产生的社会矛盾普遍存在于中亚其他转型国家，只是矛盾的主次和剧烈程度有所差异，可以被视为转型过程中诸多社会矛盾的直观体现。如果中亚国家政府囿于自身经济实力，难以向贫困阶层提供足够的帮助，这些矛盾会持续存在于因规则不平等所产生的阶层分化和其他社会不公的环境中。

（二）转型期越南居民收入差距扩大的影响

总体上来说，越南与其他转型国家相较，其居民收入差距扩大的幅度相对较小，但仍然给越南带来了不少负面影响，主要体现在社会成员的心理稳定性、社会和谐性和政治稳定性上。

转型期，越南居民收入差距的扩大引起了社会成员的普遍不满。一方面，由于择业和竞争机会不均等，导致了贫富差距的过分扩大，这种不合理的分配状况已影响了越南社会中居绝大多数的中低收入者的心理稳定性；另一方面，由于分配过程中不均等、同工不同酬等原因造成社会成员的付出与获取不对称，使利益受损的群体产生的负面情绪已经达到了相当程度。

同时，由于贫困地区大多是少数民族聚居地区，日渐明显的地区经济发展差距和收入差距已经成为影响少数民族地区社会、政治稳定的一个重要因素。根据国际慈善组织联合会的数据，目前，越南少数族裔占人口比例约15%，却拥有整个国家70%的贫困人口，除了京族和华裔之外，剩下的少数族裔在2010~2014年，仅有19%的人从底层跳出来。此外，农民收入问题也成为社会问题产生的诱因。由于自耕农被排除在公共服务和政治决策之外，他们显得更加脆弱。事实上，早在1997年，越南太平省就爆发过大规模的农民上访、请愿事件。县、省干部贪污腐败，农民负担繁重、生活艰难，不公正的对待激起农民强烈的不满，最后上访请愿演变为与地方干部的直接冲突，造成严重后果和重大损失。[①] 收入差距对社会、经济与政治稳定的影响可见一斑。

（三）转型期蒙古国居民收入差距扩大的影响

蒙古国是一个人口不多的国家，相对于其他的经济转型国家，蒙古国出现巨大居民收入差距的可能性要略小，与其他处于类似发展阶段的国家相比，2000 年前后，蒙古国的主要社会指标还算令人满意，一般来说还没有显著恶化。但蒙古国在体制转型的过程中，的确诞生了许多隐形富豪，并存在贫困者收入增长缓慢的情况。亚洲开发行的首席经济学家阿里认为，在高速增长的亚洲国家中，贫困者收入增长缓慢反映出经济增长模式的弱点。事实上，在蒙古国，贫富悬殊的扩大还是在一定程度上破坏了社会凝聚力，尤其是各种不平等影响到了大批年轻人，其中不乏“井二代”，他们的环境十分恶劣，大批的人没有机会得到足够的医疗保健和基本教育。

第二节　原苏东转型国家的居民收入差距

一、原苏东转型国家转型期居民收入差距的变化

（一）原苏东转型国家概述

在转型前的东欧国家，经济体制大致可以分为三类：前南斯拉夫的自治体制、匈牙利的计划与市场相结合的体制、其他东欧国家的集中计划体制。原苏东国家政治剧变后，采取了不同的具体政策向以私有制为基础的市场经济体制转型。虽然各国经济转型的发展情况不同，但转型

---

① 唐展风：《越南政治改革的动力分析》，载《云南行政学院学报》，2012 年第 6 期，第 41 页。

的目标都基本一致：明晰产权，为企业按市场要求自由发展、提高经济效率、实现资源的优化配置创造条件；打破国有经济的垄断，形成竞争性经济结构；改造国有企业，实现国有企业私有化。根据宏观政策力度的差距，东欧国家经济转型也被区分为“激进的”和“渐进的”两种类型。除匈牙利外的绝大多数东欧国家采取了激进的“休克疗法”，通过发放私有化证券急速实行国有企业私有化，一般分两步走：首先将国有企业改造为自主经营的股份公司，即“商业化”或“公司化”，然后将股份公司以各种方式出售给私人或机构投资者，以实现国有企业的私有化。同时实行紧缩财政，取消各类补贴，放开物价，贸易自由化，实现货币可兑换性等措施。

“休克疗法”迅速而彻底地摧毁了原有的社会主义经济制度，使这些国家迅速转向资本主义经济制度，为此这些国家付出了十分高昂的代价。凡是实行“休克疗法”的国家几乎无一例外地经历了物价飞涨、经济衰退、工人失业和人民生活水平下降的灾难性后果。各国经济的下降幅度是人类历史上在和平时期从未有过的。为度过转型初期的阵痛，东欧转型各国的经济政策做出了相应的调整，许多实行“休克疗法”的国家相继实施了稳定经济的纲领。

1993 年以后，多数国家的经济状况渐有好转。根据世界银行发布的数据，1994 年东欧各国国民生产总值增长分别为：波兰 5%、捷克 2.5%、斯洛伐克 4.4%、罗马尼亚 3.4%、匈牙利 2%；1996 年的相应数据为：波兰 6%、捷克 4.2%、斯洛伐克 5%、罗马尼亚 4%、匈牙利 1.5%，除马其顿外，其他东欧国家都恢复了经济增长。1999 年马其顿实现经济增长，增幅为 2.9%。2016 年各国的 GDP 增长率为：波兰 2.8%、捷克 2.4%、斯洛伐克 3.3%、罗马尼亚 4.8%、匈牙利 2%、马其顿 2.4%。在私有化方面，东欧各国到 20 世纪 90 年代末就已基本完成了小型国有企业的私有化。经过多年的经济发展模式的探索实践，东欧各国的新经济体制都已投入运转，确保了市场经济运作的机制大体形成。在这些国家，商品、劳动力、资本、技术、信息等生产要素基本上实现自由流动，市场的规范性方面也在不断增强。

（二）原苏东转型国家转型期居民收入差距变化

在所有选择了激进式转型的国家，不仅无一例外地发生了令人难以置信的经济衰退，居民收入差距的扩大也基本成为普遍特征。随着国民收入分配格局的巨变，几乎在所有国家，高收入者所占的收入份额都呈上升之势。

1. 原苏东转型国家转型期居民收入的分化

在原苏东转型国家几乎都出现了不同程度的经济混乱和居民生活水平的大幅下降，转型的初始阶段是收入水平变化最大的时期，实际收入显著减少，但各国减少的速度不同。与物价迅速上涨和高通货膨胀相伴而生的是高失业率和社会两极分化的不断加剧。

虽然各国的基尼系数表现存在差异，但从总体上来看，在转型初期大幅迅速上升的国家居多（见表6－2）。事实上，除少数国家外，大部分经济转型的原苏东国家在20世纪90年代的确都出现了居民收入差距扩大和贫困急剧增加的现象。在这些国家，“旧穷人”贫困加剧和大量“新穷人”产生并存，长期贫困人口在许多国家所占的比例呈上升之势。与此同时，“新富阶层”的迅速出现则是另一个突出的特点。但在贫富阶层的社会群体分布方面，各国的情况有所不同。保加利亚人和乌克兰人认为有权、有关系的人比其他人得到的待遇要好。在保加利亚，人们还提到了商人、社会地位较高的人和国家官员，而在捷克和斯洛伐克压倒多数的观点是某些特殊群体得到优惠待遇的情况并不十分普遍。收入水平相对较低的群体则包括各种没有社会地位的人、智力水平较低的人、和官员没有关系的人、农村人、由于这样或那样的原因没有贿赂资源的人。至于种族背景是否影响到公平待遇，大多数人认为种族背景差异不起决定作用。不过，在保加利亚，土耳其人受歧视，在捷克和斯洛伐克，是乌克兰人和越南人，而在乌克兰，则是犹太人和俄国人，通常受到歧视的群体的收入状况也相对较差。

表 6－2　　1987～2016 年原苏东转型国家的基尼系数

国家 \ 基尼系数 \ 年份（年）	1987/1988	1992	1993/1995	1996/1997	1998	1999	2000	2001	2002	2003/2004
俄罗斯	0. 24	NA	0. 48	0. 480	0. 487	NA	0. 456	0. 422	0. 491	0. 403
乌克兰	0. 23	NA	0. 47	0. 325	NA	0. 290	0. 363	0. 452	0. 418	0. 408
立陶宛	0. 24	NA	0. 336	0. 324	NA	NA	0. 319	0. 345	0. 390	0. 393
摩尔多瓦	0. 24	0. 344	0. 36	0. 406	NA	NA	NA	0. 362	NA	0. 372
爱沙尼亚	0. 23	0. 355	0. 35	0. 33	0. 376	NA	0. 372	0. 354	0. 355	0. 350
保加利亚	0. 23	0. 308	0. 283	0. 264	0. 321	0. 309	0. 308	0. 319	0. 342	0. 323
拉脱维亚	0. 23	NA	0. 285	NA	0. 324	0. 318	0. 350	0. 322	0. 328	0. 332
罗马尼亚	0. 23	0. 28	0. 29	NA	0. 311	NA	0. 303	0. 353	0. 349	0. 358
波兰	0. 26	0. 272	0. 28	0. 329	0. 316	0. 316	0. 342	0. 340	0. 349	0. 352
白俄罗斯	0. 23	NA	0. 288	0. 249	0. 245	0. 337	0. 337	0. 343	0. 342	0. 340
捷克	0. 19	0. 266	0. 27	0. 254	0. 226	0. 258	0. 27	0. 272	0. 273	0. 228
斯洛文尼亚	0. 22	0. 292	0. 268	NA	0. 284	0. 284	0. 306	0. 310	0. 307	0. 305
匈牙利	0. 21	NA	0. 279	0. 308	0. 244	0. 244	0. 250	0. 257	0. 24	0. 253
斯洛伐克	0. 20	0. 195	0. 19	0. 258	0. 256	0. 240	0. 243	0. 262	0. 260	0. 255

续表

年份（年）/基尼系数/国家	2006	2007	2008	2009	2010	2011	2012	2013	2014	2015/2016
俄罗斯	0.410	0.423	0.416	0.398	0.395	0.398	0.407	0.409	0.399	0.377
乌克兰	0.298	0.270	0.266	0.253	0.248	0.245	0.247	0.245	0.241	0.255
立陶宛	0.344	0.346	0.357	0.372	0.336	0.325	0.351	0.353	NA	0.35*
摩尔多瓦	0.354	0.344	0.347	0.329	0.320	0.306	0.292	0.285	NA	NA
爱沙尼亚	0.337	0.312	0.319	0.314	0.320	0.325	0.329	0.351	0.346	0.36*
保加利亚	0.357	0.361	0.336	0.338	0.357	0.343	0.360	0.366	NA	NA
拉脱维亚	0.355	0.375	0.372	0.360	0.350	0.358	0.352	0.355	NA	0.35*
罗马尼亚	0.305	0.302	0.296	0.282	0.282	0.272	0.273	0.275	0.273+	NA
波兰	0.337	0.335	0.337	0.336	0.332	0.328	0.324	0.325	0.321	0.30*
白俄罗斯	0.283	0.296	0.278	0.277	0.286	0.271	0.265	0.266	0.272	0.267
捷克	0.267	0.260	0.263	0.262	0.266	0.264	0.261	0.265	NA	0.26*
斯洛文尼亚	0.244	0.244	0.237	0.248	0.249	0.249	0.256	0.262	NA	0.255*
匈牙利	0.283	0.279	0.275	0.270	0.294	0.289	0.305	0.315	NA	0.28*
斯洛伐克	0.258	0.247	0.260	0.272	0.273	0.265	0.261	0.281	NA	0.27*

资料来源：1987～2003 年数据来自世界银行《世界发展报告》（1990～2006），见附表贫困、贫困及收入分配、收入/消费不平等度量所列数据；1987～2003 年斜体数据来自世界银行数据库资料 *World Income Inequality Database2*；2004～2013 年数据来自世界银行数据库全球国家基尼系数（https://data.worldbank.org.cn/indicator/SI.POV.GINI?end=2005&start=1999&view=chart&year_high_desc=true）；来自中国社科院世界经济与政治研究所国际投资研究室发布的《中国海外投资国家风险评级报告 2017》，载中国社会科学院世界经济与政治研究所网站（http://www.iwep.org.cn/xscg/xscg_lwybg/201701/t20170119_3390682.shtml）；*来自经合组织数据库（http://www.oecd.org/std/oecdfrequentlyrequested-statistics.htm）；NA 表示未得到有关数据。

从近年来基尼系数的变化来看，大多数原苏东转型国家经济中的不平等和转型初期的恶化相比，都有所缓和，虽然大体上都高于转型前的水平，但基尼系数都处于0.4以下，这是十分值得我国思考的现象。

2. 收入差距的变化特点

按原苏东经济转型国家居民收入差距的变化特点划分，大致为3类。

第一类，收入差距呈现过缩小的国家，这类型的国家包括斯洛伐克、斯洛文尼亚、保加利亚、爱沙尼亚。转型初期，斯洛伐克、斯洛文尼亚的基尼系数变化极其微小，甚至最初在斯洛伐克还有所降低，其后虽有小幅扩大，但基尼系数总体上依然维持并很快稳定在较低水平。对这两国用5分法进行收入分组研究，发现20%的各组人群之间的收入分配状况实际上没有变化，收入再分配是在各组内部进行的。在保加利亚、爱沙尼亚，虽由于经济出现负增长（经济衰退程度相对较轻）导致国民实际收入水平下降，但基尼系数在转型初期有所缩小，进入21世纪后才基本变为扩大趋势。

第二类，收入差距呈现过显著扩大的国家（见表6－2），包括俄罗斯、罗马尼亚、拉脱维亚、乌克兰、白俄罗斯。在俄罗斯、乌克兰收入最高的20%的人口收入均出现大幅增长，两国的基尼系数在20世纪90年代中期的水平是80年代末期的两倍，分别从0.24、0.23增至0.48、0.47。① 俄罗斯无疑是采取“休克疗法”转型的国家中的典型，转型并没有弱化俄罗斯的不平等，反而是带着明显波动性的两极分化贯穿始终，在工资收入方面，差距表现得尤为强烈，并在1998年金融危机后达到最大规模（见表6－3）。② 官方的基尼系数有低估嫌疑，达博罗夫斯基根据俄罗斯纵向监测的数据得出的结果也支持了这一怀疑，根据他的估计，俄罗斯1995年收入基尼系数是0.439，1998年是0.446，2000

① 世界银行：《世界发展报告2000、2001》中文版，中国财政经济出版社2001年版，附录。

② 王永兴：《转型期俄罗斯收入分配演进研究》，载《俄罗斯中亚东欧研究》，2006年第2期，第17页。

年是0.432。[1]

表6-3 1991~2001年部分年份俄罗斯根据工资和收入分别计算的基尼系数

年份（年） 基尼系数	1991	1994	1995	1996	1997	1999	2000	2001
工资基尼系数	0.317	0.439	0.454	0.445	0.447	0.480	0.483	0.507
收入基尼系数	0.260	0.409	0.387	0.390	0.381	0.400	0.395	0.398

资料来源：俄罗斯联邦国家统计委员会资料，2003年，第5页。

第三类，收入差距波动伴随经济增长的国家，具有这一特点的国家主要包括匈牙利、波兰。综合来看，第二类国家居多。

二、原苏东转型国家转型期居民收入差距变化的原因

作为一个经济转型国家，收入分配不平等的原因很复杂，其中既有任何国家在经济发展过程中均存在的一般性原因，也有转型各国特有的原因。

第一，激进式转型的影响。萨克斯等提倡的所谓“休克疗法”主旨在于迅速实现经济和社会的全方位转型。激进式转型中最重要的步骤，也是核心措施之一就是实行迅速的私有化。观察这种转型方式对收入分配的影响就会发现，个别国家出现较严重的贫困蔓延问题，不仅是由于收入下降，更重要的是由于收入分配不公平，这是转型期非意愿的副产品。原来“软预算约束”下的大部分企业来不及转型就必须迅速直面来自市场的竞争压力，为了提高生产效率，刺激工人的积极性，企业实行

① Dabrowski, Rohozynsky, Sinitsina, Poland and Russia: A comparative Study of Growth and Poverty, Scaling Up Poverty Reduction: A Global Learning Process and Conference. Shanghai, May, 2004.

了差别工资政策，直接导致了工人收入上的分化。同时，在转型中，劳动资源计划分配被取代，失业人数增长，再加上极度的通货膨胀使大部分居民（包括退休人员）失去了自己的存款。在众多因素的作用下，贫困范围明显扩大，出现了一个“新穷人”阶层。为了在危机和接踵而至的衰退过去之后，恢复生产、经济发展水平，“新穷人”本来不高的生活水准被压制，不少人陷入了贫困陷阱。

第二，新形式的软预算约束的影响。虽然市场化后软预算约束应该代之以硬预算约束，但事实上，这是很难在短期内保证实现水平的，相当一部分企业没有硬化预算约束。转型期间的软预算约束现象甚至比计划经济下的软预算约束对经济影响更坏，因为计划经济下至少还有行政管制来约束企业管理层的败德行为。激进转型意味着监督机制的建设和有效性滞后于实际需求，使得代理问题更加严重。同时，由于软预算约束与硬预算约束并存，形成了不公平的企业发展环境，导致了两种企业的管理层和职工收入上的差别。这种现象是转型国家独有的，且在实行激进转型的国家表现得更为明显。

第三，国内垄断势力急剧扩张的影响。原苏东转型国家转型以来的一个突出特征就是出现了一大批暴富阶层。这些暴富阶层与垄断势力是密不可分的，他们极力谋求政治利益，一度形成政治上的寡头干预状况。暴富阶层是在私有化时通过各种貌似合法的方式攫取国家资产而产生的，对收入分配产生了极大的负面影响：首先，暴富阶层的出现就是导致收入差距急剧扩大的原因；其次，他们掌握的垄断企业通过谋求倾斜性的政策等手段获取大量利润，其工作人员收入大大高于普通行业，也在一定程度上恶化了收入差别。

第四，政府不当行为的影响。这一因素在某种程度上与第三点相关联，因为掌握垄断企业的利益集团通过各种方式获取政府政策上的支持才能实现自己的利益，政府政策上的漏洞和寻租行为助长了垄断势力的成长。更不利的是，在转型国家，政府的转移支付职能常常不能发挥其在调节居民收入差距方面应有的作用。某些政府拖欠预算内职工工资和退休金，这就决定了部分社会成员生活水平的持续下降。

第五，转型国家的社会保障体制还很不完善。转型甚至导致大量居民一度完全失去了社会保障。没有完善的社会保障体制，收入分配差距扩大的状况就难以得到改善。加上政府的监管职能执行不力，导致社会保障、税收等改善贫富差距的政策的效果大打折扣，间接促使收入差距扩大。

三、原苏东转型国家转型期居民收入差距变化的影响

收入分配对一个国家的影响是全方位的，提到收入分配差距，大多数人都会本能地看到其消极的方面。但认识这个问题不能过于绝对，毕竟在收入差距并不等同于存在严重的收入不平等。从经济激励的角度看，适度地保持一定的收入差距是有必要的。过去实行计划体制的国家之所以最后都纷纷转向市场经济，平均主义“大锅饭”所导致的效率低下不能不说是一个重要原因。可见一定程度上的收入分配差距是经济发展的必然要求，能够为经济发展提供动力。但这些都是建立在适度的收入差距基础上的，如果收入差距两极分化，而且相当一部分人收入的获取是通过不公平和非法的手段获得的，就会产生非常严重的后果。

从长期来看，收入的两极分化将对经济发展产生极大的负面影响。第一，两极分化使得大部分居民购买力低下，不利于市场的形成和发展壮大，进而不利于经济的发展；第二，实证研究证明了收入不平等对经济增长是有害的，这个结论被很多国家的历史证据有力支持；第三，收入两极分化会导致社会不稳定，而不稳定的状态会导致契约的制定、执行和监督成本的增加，诚信很难建立起来，不利于经济发展。两极分化造成了普遍的、巨大的心理落差，并产生诸如无住房人数增加、犯罪增多、“黑市”猖獗、寿命缩短、因社会精神紧张导致的死亡率上升等不良社会后果。许多原苏东转型国家转型后，这些问题均有过不同程度的体现。

第三节 中国与其他转型国家的比较

在以构建市场与民主制度为目标的转型中，就各国转型的范式、路径及实际绩效而言，呈现出的是一个多样性的历史过程。实际上，经济转型国家除了转型以前实行的都是计划经济体制以外，在其他各方面都存在着很大的差异，无论是人口、国民收入、工业化水平，还是各国所面临的国际政治、经济环境都大不相同。在包括了一组具有多方面差异的经济转型国家中，有许多经验是值得总结的。

一、经济转型国家居民收入差距的特点

（一）原计划经济国家的收入差距水平

原计划经济国家在向市场经济过渡之前，没有一个出现极为不平等（基尼系数为0.33～0.35）或中等程度的不平等（基尼系数为0.29～0.31）现象。所有这些国家的共同特点是基尼系数处于较低（0.24～0.26）或很低水平（0.20～0.22），比较平等的收入分配模式占主导地位。例如，根据世界银行发布的《1996年世界发展报告：从计划到市场》，1989年中东欧国家的基尼系数为0.26，俄罗斯及其他新独立的苏联共和国的基尼系数仅为0.24，同年低收入国家平均为0.46，中等收入国家为0.45，经济合作与发展组织（OECD）国家平均为0.33，基尼系数大大低于低收入国家和中等收入国家。显而易见，转型前这些国家居民之间的收入差距要比非计划经济国家低。

（二）转型与非转型国家的居民收入差距的比较

在所有经济体制转型的国家中，只有斯洛文尼亚一个国家是高收入

国家，大部分国家属于中、低收入国家。对转型与非转型国家的居民收入差距进行横向比较会发现，与同收入水平的国家组相比较，经济转型国家的基尼系数是偏低的；同不同收入水平的国家比较，经济转型国家的基尼系数比大部分高收入国家高，但低于撒哈拉沙漠以南非洲地区其他基尼系数历来居于高位的国家。实际上，直到 20 世纪 90 年代中期之前，经济转型国家居民之间的收入差距都是世界各类国家中最小的。但到 90 年代中期，这些国家的基尼系数多已超过 OECD 国家，有的已经超过低收入国家的平均值。在转型过程中，这些国家收入差别达到了前所未有的程度，最突出的是新独立的原苏联国家的居民收入差距扩大的速度和幅度远大于中东欧国家。90 年代中后期，基尼系数超过 0.33 的国家除三个亚洲国家（蒙古国、越南、中国）外都是新独立的原苏联国家，俄罗斯和中亚国家居民收入差距扩大的速度和幅度远大于波罗的海沿岸国家。基尼系数超过 0.35 的国家包括中亚国家、俄罗斯和中国，而且中国、俄罗斯和中亚两个经济转型国家（土库曼斯坦、吉尔吉斯共和国）的基尼系数超过了 0.4。但同经济发达国家一样，经济转型国家中没有一个国家的基尼系数达到或超过 0.5 的。世界银行统计数据显示，进入 21 世纪之前，在 21 个经济转轨国家中仅俄罗斯、中国的基尼系数在 0.45 以上，而且世界各国中唯一一个基尼系数小于 0.2 的国家（斯洛伐克共和国）也是转型国家。这表明，那种认为经济转型国家必然存在过大居民收入差距的看法并不符合事实。

（三）转型国家居民收入整体差距的一般性规律

对 20 世纪 90 年代中国与实行市场化改革的欧亚原公有制计划经济国家的居民整体收入差距的变化进行比较后，有学者得出以下分析结论：居民收入差距的大小与国家的大小和城市化水平的高低等密切相关。[①] 基尼

① 曾国安、郑美琴：《中国与其他经济转轨国家居民收入差距变化的比较》，载《当代经济研究》，2002 年第 2 期，第 32 页。

系数的大小与国土面积的大小、人口的多少和城市化水平的高低呈现出以下规律性的联系：第一，居民收入差距的大小与国家面积的大小呈正相关关系；第二，人口规模的大小与基尼系数的大小呈正相关关系；第三，城市化水平的高低与基尼系数的大小呈负相关关系。换句话说，即为一个国家的面积越大、人口越多、城市化水平越低，其基尼系数会越大，居民收入差距越大，反之，居民收入差距越小。这些经济转型国家所出现的上述现象并不是新的现象，而是市场经济国家的一般现象。经济转型国家在90年代才出现上述现象，乃是因为市场化改革提供了这一现象表现出来的必要条件。

二、中国与亚洲其他转型国家收入分配变化情况的比较

在对待居民收入差距的问题上，中国同越南、蒙古国等亚洲转型国家相比较，既有相同点，也有不同点。在收入分配领域，各国都对分配方式进行了调整，出现了许多新变化。

（一）同点

第一，都主张实行按劳分配，消除分配上的平均主义，允许合理居民收入差距的存在。越南提出，在个人消费品分配上要“以按劳动成果和经济效益进行分配为主”，工资要与每个人付出劳动的数量和质量相适应。老挝从20世纪80年代后期开始对分配制度进行改革，制定了新的工资政策和分配制度，实行“以同样数量、质量和劳动条件从事工作应获取同等的工资报酬”、多劳多得、奖勤罚懒的政策。

第二，都强调要最大限度地实现收入分配的合理性和公平性，防止两极分化，且各国的调整思路和手段也有相似之处。例如，越南提出要合理分配和再分配各种收入，保护劳动者的利益，鼓励合法致富，同时通过一定的社会福利和积极的扶贫工作，避免各地区发展水平和各阶层人民生活水平差距过大，逐步实现公平；强调要通过市场、行政和法律

等手段保护合法收入，取缔非法收入，调节过高收入，保障低收入者的基本生活。很多调节思路在我国其实都有相似的体现。

（二）不同点

各国对待分配方式多样化的态度不完全一样。在对分配方式多样化方面，越南的态度比较激进。越南实行以按劳分配为主体的多种分配方式，承认合法的非劳动收入，采取措施鼓励社会成员获得合法的非劳动收入。越南不仅承认存在多种分配方式，而且承认剥削。越共八大政治报告指出："为了发展生产力，必须发挥各种经济成分的力量，即承认实际上还存在剥削，社会上还有一定的贫富分化。"越共九届五中全会甚至还允许党员发展和从事带有剥削性质的私有经济。这与我国在相关方面的政策是完全不同的。

转型对工资水平变化的影响各国不同，尤其是与中亚五国相较。我国在经济转型过程中，没有经历因为转型带来的经济衰退，工资水平随着经济增长稳步提升。但中亚经济转型国家在 2000 年后，经济增长才渐入佳境，土库曼斯坦和哈萨克斯坦一度超过了 10%。也是经济复苏之后，中亚五国的工资才出现了相应的变化。根据独联体国家间社会经济统计委员会公布的数据显示，吉尔吉斯斯坦（涨幅 31.3%）、塔吉克斯坦（涨幅 18.7%）、哈萨克斯坦（涨幅 13.9%）成为 2011 年独联体国家实际工资涨幅最大的前三名。与之相比，我国居民收入水平的增长相对更稳定。

三、中国与原苏东转型国家收入差距的比较

无论是原苏联还是东欧转型国家，都有共同的从事社会主义事业的历史体验，转型的社会、经济基础也大体相似。尽管如此，转型对收入分配的影响依然表现出多样化的特点。

（一）经济绩效与收入绝对水平的状况不同

转型期，原苏东地区的转型国家的居民收入绝对水平出现下降趋势，人口预期寿命缩短。在苏联时期已成为工业农业国的中亚国家，经历向农业国倒退，重新工业化的过程。在转型初期短暂下滑后平稳上升的爱沙尼亚、克罗地亚等国经济屡经起落，形势比转型中其他国家要复杂得多。在转型中期尚未见起色的俄罗斯、白俄罗斯、乌克兰及几乎所有其他独联体国家都在进入 21 世纪后开始复苏与增长，独联体国家经济复苏总体要比中东欧国家晚。据独联体跨国统计委员会数据，2010 年该地区经济出现整体复苏势头，之后各国的工资也出现了变化。但根据独联体国家间社会经济统计委员会公布的数据显示，2011 年独联体国家实际工资并没有普遍上涨，摩尔多瓦和白俄罗斯的实际工资有所下降，分别下降 8% 和 13.8%。

中国的情况与之相比不同，我国转型过程中保持较高的经济增长率，中国居民收入的绝对水平总体上并未出现整体性、大幅度的下降，转型给绝大多数居民的生活水平带来了明显的提高。这说明中国的“渐进式”转型比“激进式”转型成本相对更低，经济绩效也更好。

（二）经济增长与收入分配差距的关系不同

综合世界银行与开发银行以及各国官方与非官方统计，转型最初的十多年，匈牙利、波兰、斯洛伐克、斯洛文尼亚、捷克等国经济增长状况、社会收入分配状况和居民收入差距状况均相对较好，是原苏东国家发展与制度转换中最为稳定、最有成效的地区，其次为东南欧和波罗的海国家，再次为独联体国家。

中国在这方面表现出不同的特点，既不同于如匈牙利、波兰、斯洛伐克、斯洛文尼亚、捷克等国经济发展与相对稳定的收入分配状况并存，也不同于俄罗斯、罗马尼亚、拉脱维亚、乌克兰、白俄罗斯等国经济负增长与收入差距扩大并存。在我国，出现的是居民收入差距的快速扩大与经济快速增长并存，基尼数据也显著超过了除了俄罗斯、乌克兰之外的大部分苏东转型国家。

四、经验及启示

经济转型对收入分配的影响是转型国家的共有特征，通过对中国及其他经济转型国家居民收入差距变化的横向比较，有利于从中获得经验及启示。

（一）对合理差距和不合理差距区别对待

转型国家既要允许适度的收入差距，又必须控制这种差距的程度，因此必须对不同性质的收入差距区别对待。一方面，居民的劳动收入、资产收入、转移性收入都是居民的合法权益。基于劳动者能力的劳动贡献差别必然产生劳动收入差别，而承认人们的财产权利，必然带来居民财产收入的差异。只要这些收入差别在合理范围内，就应得到社会的承认和允许，这对提高经济效率是有利的。传统的计划经济人为地限制了经济中本应存在的收入差距，但政府管制带来的是平均分配，而不是公平分配，是另一种形式上的不公平。公平一直被当作政府实施这种管制的理由，但实际上这种做法恰恰损害了公平。转型国家居民收入差距的合理扩大显然具有一定的“恢复性”，扭转了收入平均主义对经济形成的负激励；另一方面，越是在新旧制度交替期，制度缺位会越严重，获取非法收入、灰色收入的机会越多，不合理收入差距出现的速度越快。此类收入差距程度严重、性质恶劣，是社会、经济发展的威胁，是经济转型国家调节居民收入差距的重点和难点。由于造成此类收入差距的原因具有多样性和复杂性，处理起来要付出很大的努力，但不论这项任务有多艰难，政府都应该尽其所能不让这种收入差距固化和扩大化。

（二）经济增长是减轻贫困、缩小居民收入差距的必要条件

调节居民收入差距与减轻贫困是具有联系性的两个问题，一方面，减轻贫困有利于调节居民收入差距。众所周知，无论是减小低收入阶层的规模，还是提高低收入阶层的收入水平，都将有利于缩小居民收入差距；另一方面，缩小居民收入差距可以使经济增长的成果为更多的人所共享，有助于减轻和消除贫困。但这两者的实现都离不开经济增长这一基础。没有持续的经济增长，就没有减轻贫困和缩小居民收入差距的物质基础。实际上，调节居民收入差距并不必然减轻贫困，贫困程度的高低主要取决于经济发展水平，而一定的经济发展水平是经济增长的结果，要阻止贫困的蔓延，经济增长才是根本道路。在其他条件相同的情况下，经济增长速度越快，贫困程度下降得会越快。例如，委内瑞拉收入分配的基尼系数虽然下降了，但贫困人口比率反而上升了，这表明如果没有经济发展，即使收入分配平等程度很高，也无法提高居民的生活质量。20 世纪八九十年代各国经济增长速度与贫困人口比率的变化反映出快速的经济增长是减轻贫困的必要条件。没有快速的经济增长，贫困无法真正减轻，必然成为导致居民收入差距的客观经济基础。因此，只有在经济快速增长的基础上，才能实现控制居民收入差距和减轻贫困之间的良性互动。

（三）必须科学处理经济增长与居民收入差距的关系

经济增长与居民收入差距的关系很复杂，理想的状态是经济的高速增长与居民收入差距保持在合理水平并存，但能不能达到这种状态则取决于多种因素的共同作用。虽然从世界范围内的情况来看，经济增长与收入差距的关系在不同的国家是不一样的。但理论分析和实证研究都证明，居民收入差距的变化的确具有阶段性，基本上都要经历由小到大，再由大到小的长期演变过程。居民收入差距自然地、持续地缩小只有在工业化进入到中后期、收入达到中等以上水平的国家才会出现。鉴于其他国家的转型经验，中国应该努力避免的是经济的低增长与居民收入差

距扩大并存。中国短期内还不可能达到高收入国家的分配状态，因此经济增长与居民收入差距的关系还难以达到理想状态，但它是最终达到理想状态的过渡性阶段。虽然进入高收入阶段并不必然意味着收入差距缩小，但只要经济能够保持增长，就能为不断减轻贫困、缩小收入差距和维护社会稳定提供经济基础。因此，转型国家不应也不必以牺牲效率和普遍贫困为代价去解决收入差距问题。其他转型国家收入差距变化的实际情况也表明，随着经济增长和国家调节政策的实施，是可以减轻转型期收入差距的程度的。

（四）必须建立科学合理的收入分配机制

收入和社会财富的分配手段取决于历史因素和现行政策。转型中，在收入分配问题上，不能完全依靠市场机制。对于政府来说，最佳方案是干预。但干预只限于保证具体收入人群利益的协调，并提供足够的激励机制，以便为经济的继续发展和提高所有居民的生活水平积聚资本。转型国家实现居民分配状况改善的重要途径是建立科学的分配方式。尽管转型经济国家有许多相似之处，但它们正在创造各自的分配方式。在不同的方式中，社会不同收入阶层的关系和状况各不相同。但在今后若干年中，将确定转型经济中占优势的分配方式。纵观各国的转型过程，要纠正所犯错误并不容易，要避免居民收入差距过大，公共部门应该采取积极的调节居民收入差距的政策，除了要加快经济体制的转型，最重要的是：必须建立一个科学合理的收入分配机制，以确保低收入者的收入能随经济增长而有所增长，保障社会成员的公平权利。

总体来说，我们的研究目的是分析向市场经济过渡的国家中收入分配的诸多变化，对转型经济中的收入分配问题有一个充分、全面的认知，并给予公正的评价。通过研究其他国家的转型情况和经验，可以形成一个基本结论：尽管在制度的过渡期，不平等不可避免地在增长，但作为经济政策制定者，还是应该把分配公平和刺激经济发展两者协调起来，才能为缩小居民收入差距和经济稳定发展奠定基础。

第七章

调节转型期中国居民收入差距的思考

随着我国经济发展进入新常态，转型进入深度推进阶段，调节居民收入差距也会面临很多新挑战。虽然我国在调节收入差距方面做出了很多努力，近年来也取得了一定的调节效果。但客观地说，当前我国收入分配领域还有很多需要完善的地方，缩小收入分配差距的政策还有很大的提高空间。因此，我们需要进一步深化关于收入分配问题的思考，正确认识我国收入分配问题的复杂性、艰巨性和长期性，对于解决当前各种分配矛盾和问题的对策，进行全面分析和慎重考虑。

第一节　转型期的“公平”与“效率”

经济转型迅速打破了我国原有体制下的均衡，在新的体制下，“公平”与“效率”在收入分配领域中，何者为重成为一大难题，被广泛探讨。对“公平”与“效率”的关系的认识，极大地影响着政府对收入差距政策的制定和调节原则的把握。

一、转型期“公平”与“效率”的关系

“公平”与“效率”是经济学中一对难以调和的矛盾，也是收入分

配中难以协调的目标。有些经济学家（主要是反对国家干预私人经济的经济学家）主张把效率放在优先的地位。他们认为，效率是同市场竞争联系在一起的，而市场竞争又同“自由”联系在一起，没有“自由”就没有市场竞争，没有“自由”也就没有效率。因此，把效率放在优先地位，效率本身就意味着“公平”。另一些经济学家则相反，主张把“公平”放在优先地位，其理由是“公平”被认为是一种“天赋权利”，竞争所引起的收入差别是对这种“天赋权利”的侵犯，效率本身并不意味着“公平”。

中国特色社会主义的市场经济向我们提出“效率”与“公平”的关系问题。在经济转型的特殊背景下，“公平”与“效率”关系的认识差异促使了一种认识误区的出现，集中体现为部分社会成员将“效率”与“公平”之间定位为对立关系，更有甚者把“效率”的实现等同于收入差距的扩大，而把“公平”视为分配结果的均等。从计划经济体制过来的人常常怀念昔日的“公平”，然而，经济要发展，必须有“差距”，有“差距”才有动力。可见，准确定位“公平”与“效率”的关系对调节居民收入分配是很必要的。

就经济体制来说，市场经济在本质上要求和鼓励竞争和效率。效率来源于竞争，竞争需要规则，规则必须公正，公正乃是“效率”与“公平”的前提条件。客观地说，目前的收入分配既未能较好地解决社会公正问题，也未能较好地解决经济公平问题。如果在此背景下，仍片面强调效率，不仅效率要大打折扣，社会成本也将是非常高昂的。因此，科学定位两者之间的关系是十分关键的，目前有几个观点是必须明确的：其一，稳定是发展的前提，发展是稳定的保证，“效率”能促进经济发展，“公平”能促进社会稳定，两者之间既有联系，又有一定的冲突；其二，差距是追求“效率”的必然结果，但应维持在社会可以承受的合理范围内，差距的形成应尽可能符合公平竞争的市场原则，否则即使不太大的收入差距，也是难以为社会所接受的；其三，我国的国情决定了社会很难承受现有收入差距水平的进一步恶化。姑且不论社会成员是否存在或多或少的平均主义倾向，我国目前的经济总量相对于人口规模，依然是处于可供分配的资源量有限的状态，差距过大，自然会导致部分社会成员收入过低，这不仅与我们追求共同富裕的目标相矛盾，也易于引发社会矛盾，影响社会经济发展，因此“公平”问题在任何时候都不可忽视。

二、转型期中国对“公平”与“效率”认识的发展

我国对“效率”与“公平”问题的认识经历了一个发展过程，处理两者在收入分配领域的关系时，遵循的原则也在随着经济、社会的具体情况而调整。

（一）“效率优先、兼顾公平”原则

1992 年，中共十四大报告提出“兼顾公平和效率”，短短一年后的中共十四届三中全会对该问题一个明显的变化是提出“效率优先、兼顾公平”的原则，从并重到优先论的转变，对推动经济增长无疑是具有促进作用的。此后，中共十五大、十六大的报告均提出“效率优先、兼顾公平”的原则。在积极建设并努力完善社会主义市场经济体制的实践过程中，中国以发展经济为第一要务，从邓小平理论关于“社会主义的本质是解放生产力、发展生产力”、“调动一切积极因素，促进经济发展，迅速增强综合国力”的系统论述，到公众渴望积极奔小康的普遍心态，都体现了“效率优先”原则已被全面地实践的客观事实。

在“效率优先、兼顾公平”原则的指导下，中国经济发展取得了举世瞩目的成就，但该原则在一定程度上也促使了居民收入差距的扩大。

（二）“公平”与“效率”并重原则

随着经济转型实践的深入推进，居民收入差距也在持续发展，使关于“效率”与“公平”已有的结论受到挑战。由于居民收入差距的不断扩

大，政府从新考虑了“效率”与“公平”的关系，提出了新的原则。中共十七大明确指出“初次分配和再分配都要处理好效率和公平的关系，再分配更加注重公平”，这一观点实质上更倾向于“效率”与“公平”并重原则。具体而言，即在国民收入两个分配层次中，初次分配不再过分倾向于效率，在初次分配中，收入分配差别既是市场效率的源泉和动力，也是市场效率的结果，但收入分配差别过大，既有悖社会公平，也同样损害市场效率，因此公平也十分重要。“公平”之所以被提到与“效率”同等重要的地位，一方面，是由于当前居民收入差距的确已经不可忽视；另一方面，也是由于大家意识到“公平观”必须与时俱进，适应经济发展的实际。仅仅对分配结果“公平”的关注是无法真正实现“公平”的，“公平”应涵盖更多的内容，包括实现社会成员基本的权利平等、机会公平，这是市场经济的要求，也是与“效率”原则统一的“公平”原则。

这一原则实际上要求我们对于我国目前存在的收入差距，既要承认其中有合理的部分，又应在实现社会成员基本的权利平等、机会公平的基础上，对过大的收入差距从结果上进行调节，防止收入悬殊。因此，政府作为调控主体，应更倾向于“公平”，不仅要充分发挥再分配的功能，也要注重弥补市场在初次分配领域的缺陷，即由政府通过有效的宏观调节，应对导致社会不公平的“市场失灵”。这就需要我们在制度、政策方面做出调整，适时、适度地增加共同富裕的政策含量，不断完善我国的收入分配机制，才能既不破坏经济激励机制，又避免居民收入差距过大影响经济稳定发展。

三、转型期“效率”“公平”与经济发展的关系

（一）转型期“效率”与经济发展的关系

1.“效率”的含义

从经济学上来讲，效率一般来说有两个方面的含义，一是企业生产

效率，这是可以用投入—产出来表达的一个狭义的“效率”概念，一般是指经济资源的配置效果，即投入与产出之对比。就企业来说，以较小的成本投入获得较大的产出收益就意味着效率高，反之，则意味着效率低；二是社会经济效率，这是“效率”更重要的一层含义。社会经济效率，主要是指资源配置的效率，即使单个的企业达到了自己最高的生产效率，也并不意味着整个社会达到了最高的效率，因为资源在社会范围内的有效配置与企业的有效配置并不必然同步。要实现资源配置的社会经济效率必须依赖市场机制，关键是市场通过价格机制引导资源的合理流动。在收入分配领域引入按要素分配的机制，实质上就是市场配置资源的一个方面，也是一个与市场经济要求相适应的收入分配制度实现“效率”的关键。

2. 转型期“效率”与经济发展的关系

通常情况下，追求效率有利于推动经济发展，因此在很长的时期内，中国政府一直秉持“效率优先”的立场。“效率优先论”源于美国经济学家阿瑟·奥肯的《公平与效率：巨大的两难选择》一书。书中提到公平与效率好比鱼与熊掌不可兼得，这个说法深深契合当时刚刚摆脱平均主义的中国人。由于战争，我国的经济遭到严重破坏，物质财富非常缺乏，国情要求我们在当时采用工业化的特殊形式，用计划经济的办法，进行半义务劳动，实行贫民主义大锅饭的分配形式。但是这种分配方式在形势转变之后，就难以为继了。经过五个“五年计划”后，平均主义使中国经济发展陷入了提高“效率”的困境。纵观市场经济的发展，其优势就在于尽可能地实现“效率”是基本追求，市场经济的“公平”只是机会均等，或者是起点公平，而绝不是结果平均的“绝对公平”。与之相反，计划经济则是把分配的结果公平放在第一位。由于计划经济在体制上没有宏观和微观的区别，当政府用“计划”的手段来安排资源分配的时候首先考虑的也是“公平”，在收入分配领域也一直强调绝对的“公平”，要照顾到方方面面的利益，在各部门、各行业、各群体间大体“公平”地分配利益。于是，企业吃国家的大锅饭，职工吃企业的大锅饭，最后导致整个体制效率低下。因此，根据中国当时的国情，政府提出“不妨允许并鼓励一部分人先富起来，适度扩大收入分配差距，以鼓励和推动经济增长”和“只有让一部分人先富起来，才能逐步使所有人都富起来”的新观点。

中国选择市场经济体制，本质上是认同追求“效率”有利于经济迅速发展的。对于冲破几十年计划经济体制下僵化的平均主义的禁锢、对于进行艰难而又必需的经济体制改革、对于尽快增强国家经济实力，“效率优先”论在市场经济建设的实践中体现出了极大的工具价值。

第一，在市场经济下，价值规律在充分地发挥着作用。市场经济为自由竞争创造了条件。激烈的竞争要求每个企业在竞争中生存、发展，都必须把效率放在优先的位置，否则就会被淘汰，从而实现微观经济领域的健康、繁荣。

第二，市场经济是通过“看不见的手”更有效率地配置资源。市场机制可以实现要素分配的激励性与效率性，而基本保障性的收入分配则可以通过市场机制以外的政策、法律机制及各种调节手段来实现。在市场经济体制下，市场配置资源是第一位的，在这个层面上纯粹讲的是效率。

第三，在中国首先要明确一点，“效率优先”中的“效率”指的是社会经济效率。收入分配的“效率”原则，一是把按劳分配、按生产要素的贡献分配放在重要位置，并对其结果进行适当的再分配以防止收入差距过大；二是把为效率目标服务的市场分配放在第一位，并为必要的收入公平进行政府调节；三是重视收入分配的激励作用，并建立保证收入分配起点和过程“公平”的制度保障或“保险”机制。

现在很多人对“效率”存在理解误区，鉴于中国的特殊国情，我们完全可以根据经济与社会发展在不同时期的不同态势，一个时期更多地强调效率，一个时期更多地强调公平，平衡式地推动中国经济的发展，这也是我国选择政策措施调节收入差距时应考虑的内容。

（二）转型期“公平”与经济发展的关系

1.“公平”的含义

对于究竟什么是“公平”，至今都没有被完全认同的概念和标准。拙著所讨论的“公平”仅限于经济领域，而不是泛指一般意义上的公平。就经济意义上讲，“公平”是指有关经济活动的制度、权利、机会和结果等方面的平等和合理，每一个参加经济活动的人在制度、权利、机会上都有平等的保证，具体来说有以下几个方面必须理解。第一，权利和机会平等，即同一社会中的所有成员都享有在基本平等的条件和规则下参与经济活动的机会。劳动者拥有劳动的平等和自由权，即每一个劳动者自主决定是独立进行生产劳动或与别人结合进行生产劳动；每一个劳动者都有选择其他劳动者从事的生产项目的权利和机会，任何劳动者没有垄断独占一项生产项目的权利，劳动者之间自由、平等竞争。第二，过程公平，即同一社会中的所有成员都有依据其所拥有的生产要素在价值创造过程中所做出的贡献享有平等的报酬权，同时劳动者在经济交往过程中是平等的，即在商品与劳动的交换与否，交换价格方面不受强制。第三，结果的“公平”，即在制度、权利、机会“公平”的作用下，产生一个相对合理的经济活动的结果。这种“公平”并不是指收入完全均等化，它并非是要实现每个经济活动的参与者都得到同样的经济回报，而应该是都得到合理的经济回报；这种“公平”是指同一社会中的成员在社会经济活动中最终所形成的收入差距是保持在社会可容忍程度内的，而不是引起剧烈利益冲突与对抗的两极分化。

2. 转型期“公平”与经济发展的关系

“公平”并不是一个含义单一的概念，实施任何经济政策时，都必须全面地考虑这个问题，特别是在各种变革深入发展的转型时期，“公平”是影响社会稳定的大问题。在转型期，只有树立科学合理的“公平”观，才能满足实践的需要，维护和实现真正的“社会公平”，才能协调各方面的社会关系，促进经济发展而不是阻碍经济发展，这是建设社会主义和谐社会方面。

从中国经济发展的历程看，各种不同的经济和社会发展观念、战略、政策对应着不同的经济和社会发展状态，而不同的经济和社会发展状态又反过来影响各种经济观念、战略和政策。转型前，中国对“公平”一词的看法一直停留在收入分配领域，认为“公平”所涵盖的经济内容主要是收入分配结果的“均等化”。进入转型期，中国对“公平”的看法出现了新观点，并经历了不同经济发展阶段的不同“公平”观的影响。1992～2006年，“效率优先、兼顾公平”是成为中国经济发展的指导思想之一，虽然这时的“公平”仍然停留在收入分配领域，依然是一个衡量居民收入的概念，但已经从一种分配结果的绝对“公平”转变为相对“公平”，这种改变在一定程度上促进了中国经济的发展。在应对分配领域各种问题的实践中，中国领导集体对“公平”的看法再度深化，并对“公平”的重要性做出新的定位，2007年中共十七大提出新的指导原则——“公平与效率并重”。党的十八大后，习近平总书记多次强调要“促进社会公平正义”，“改革既要往有利于增添发展新动力方向前进，也要往有利于维护社会公平正义方向前进”等观点。伴随新的“公平”观的出现，深化收入分配制度改革的实践进一步向前发展，为了构建科学合理和真正公平、公正的社会收入分配体系打下了坚实的基础，也为中国经济的健康发展提供了制度保障。

第二节　转型期调节居民收入差距的经验总结

通过多年的努力，我国在调节居民收入差距问题上取得了积极的成效，地区、行业和城乡之间的居民收入差距分别于2005年、2007年和2008年先后扭转扩大趋势，进入了缩小阶段，基尼系数也在2009～2015年连续下降。2016年我国基尼系数结束了7连降，上升了0.003的微小幅度，但不少学者对我国居民收入差距的变化趋势持乐观态度。

为使对居民收入差距下降趋势的判断变为现实，在现阶段适时地总结经验，可有助于为进一步实施更有效的调节措施提供参考。

一、调节居民收入差距需对差距进行判断

在确定调节的时机、对象和力度方面，我国理论界首先对居民收入差距的性质和程度进行了讨论，为科学、合理的调节收入差距提供了参考。

（一）正确区分收入差距的性质

我国在调节收入差距的过程中认识到，转型后的收入分配差距中有些扩大是有序的，是对过去过度平均的收入分配的调整，也是促使资源优化配置所必不可少的。但也有部分的收入差距扩大是无序的，对经济、社会的发展是不利的，需要通过包括完善收入分配制度在内的政策措施来纠正和调节。因此，对于目前存在的居民收入差距的性质，我国进行了判断和区别，在调节不同的收入差距时采取了不同态度和措施，只有这样才能既维护经济、社会发展的稳定，又不降低劳动者的生产积极性。

对收入差距性质的判断，我国首先是判断形成差距的收入在性质上的属性，一般而言，居民收入差距的形成机制有三种性质，一是合理收入造成的差距，这往往是市场经济体制下激烈竞争的结果，这方面一般属于社会承认的收入分配差距，被归于社会主义市场经济必然和常规的影响；二是不合理收入造成的差距，这类差距多为市场经济条件下不公平竞争所导致，被归于社会主义市场经济非常规的影响；三是非法收入造成的差距，通常由各种违法行为获得的收入所导致。可见，对收入机制的性质做出判断，即确定获取收入的来源和途径的合理性、合法性，是判断居民收入差距性质的关键环节。对于各种性质不良的收入差距，国家都应加大控制措施的力度，调节过高的不合理收入，坚决取缔不合

法收入，不合法的收入无论造成的收入差距多么微小，也应该坚决加以调节。

（二）理性判断收入差距的程度

为定位我国目前居民收入差距的程度，学术界纷纷应用基尼系数、五分法、十分法、倒U形曲线等分析工具发表各种研究结论。例如用倒U形曲线理论来分析我国的状况，其主流观点认为，收入差距会随着我国进入中等发达国家而下降。又如，有学者分析了关于“两极分化”研究方法的选择后认为，两极分化包括质的规定性、量的规定性和发展趋势的规定性，目前公认的五等分比差法和极化指数是研究两极分化的有效方法，等等。随着调节收入差距时经验的累积，实践发现很难将某一种理论完全套用到中国的情景上，关键还是要根据差距演变的具体情况，提出适合中国国情的观点。但收入分配的合理度问题是实践中必须明确的一个问题，为了科学衡量我国目前的居民收入差距的程度，判断它是否还在合理的范围内，我国至少在不断的深化中积累了以下几个认识。

第一，居民收入差距的合理性。确定居民收入差距的合理差别涉及对中国目前居民收入差距程度和性质的定位。国际上衡量收入差距的方式方法有很多。考虑到我国经济发展具有一些自身特点，诸如，人口众多、地区发展不平衡、处于经济社会的转型时期等，一些国际通用标准在我国并不能完全适用。政府在确定合理收入差距时，结合中国的实际情况认为，社会主义条件下的收入分配应达到三个方面的目的：基本保障性、激励性、效率性。如果收入分配状态能保证经济、社会生活的基本保障性、激励性和效率性，则该收入分配状态是合理的，具体来说有两点，一是有利于调动社会成员的生产积极性，在这一问题上，经济发展的历史经验是不可忽视的。平均分配会牺牲效率，有差别的分配是提高效率的必要因素，因此会接受市场和市场机制在收入分配领域拉开正常、合理的差距。二是有利于优化收入结构，促进和谐社会建设，这一问题的关键在于防止收入差距过于悬殊。一般而言，所谓过于悬殊，是指脱离了生产要素的实际贡献，尤其是脱离了劳动的实际贡献而造成的收入差距。这种收入差距容易产生经济、社会矛盾，形成破坏生产力的因素，最终会导致牺牲效率。无论是何种类型、何种原因导致的悬殊差距，都属于调节范畴。

第二，居民收入差距的相对性。收入差距对于不同收入水平的社会群体的心理稳定性的影响是不同的，同样是100倍的收入差距，月收入1万元与100万元，同月收入1000元与10万元相比较，意义大不相同。因此，在高收入水平上形成的收入差距对个人生活的实际效用影响较小，较能为社会容忍和接受；而在低收入水平上形成的差距则更难为社会所接受，差距越大可能造成的危害也越大。这也是我国调节收入差距的第一个重点在低收入群体的原因。但从长远来看，缓解了低收入群体的问题后，调节高水平上的收入差距必须提上日程，因为这种差距可能导致财富的过度集中，长远性的危害很大。

第三，居民收入差距的阶段性。分配差距是物质上的差距，但同时也伴随着心理的失衡。在物质和心理上，收入差距的合理度是相对的、动态的，呈明显的阶段性。这个时期合理的收入差距，可能因时期的改变而失去其合理性赖以存在的基础而变得不合理。如在经济增长速度快，个人收入提高也较快的时期，较大的收入差距还是可以为社会接受的；而在经济停滞期，个人收入增长缓慢甚至为负增长时，同样的收入差距就可能意味着不可忍受。从计划经济向市场经济转轨是一个特殊时期，在这一过程中人们的利益格局处于不断的调整变动之中，相应地，人们的心理也变得较为脆弱。因此，在社会转型时期，合理收入差距的取值范围可能比其他时期小。

第四，居民收入差距的社会接受性。社会成员对居民收入差距的感知是最直观、最具体的，并会对不同程度的居民收入差距做出各种直接的反应，这种反应会反映出对不同水平的收入差距的实际接受情况。如果社会成员普遍出现对收入差距的关注、甚至是不满的状况，则说明居民收入差距已经接近或进入不合理的范围。

简单来说，合理的差距是正常的，可被接受的，应正确对待；不合理差距、低收入水平上差距和特定时期的差距在物质和精神上都会对社会成员产生实质影响，必须着力调节；高收入水平上的差距不应过于悬殊，虽较易为社会容忍，但如果任其过度发展，对社会的危害同样很大，必须给与重视并适时调整。

二、对市场和政府收入分配调节功能的认识

我国已建立了市场配置资源、市场主导国民收入初次分配的经济体制，政府在调节收入差距中如何弥补市场“失灵”，又纠正自身的“错位”和“缺位”，需要不断总结对市场和政府分配功能的认识。

（一）市场机制调节收入差距有局限性

市场机制对居民收入差距可以起到一定的调节作用，但市场机制调节的局限性是十分明显的，完全依赖市场机制是不可能解决收入差距这一矛盾的。首先，从对劳动收入的影响看，市场力量无法消减由劳动能力的差异和就业体制所造成的劳动收入差别。劳动力的市场供求关系总是不断变化的，就业机会和工资率也因而会发生变化，从而使工资率下降的部门的劳动者收入下降，导致劳动者收入差距扩大；而劳动力在部门间的流动总是要受到各种因素的限制。这样，依靠劳动力在不同工资水平的部门间流动来缩小劳动收入差距就受到很大的限制。第二，从对资产收入的影响看，也不能单纯依靠市场作为消减居民资产收入差距的力量。市场力量很难调和有资产和没有资产的社会成员之间的收入差距。同时，市场力量对资产收益的影响还具有不确定性。资产价格或收益率的变化只受市场供求的影响，因此究竟是高收入居民的资产相对价格或收益率上升，还是低收入居民资产的相对价格或收益率上升，只取决于资产的市场需求状况，而不是资产所有者的收入水

平。一般而言，即使资产收入使不同资产所有者的收入水平发生变化，所引起的也不是收入差距的变化，而只是富人、穷人具体对象的改变。

（二）深化对政府再分配的认识是一个过程

再分配不仅可以辅助初次分配，弥补初次分配的不足，同时也可以为初次分配创造更好的条件。再分配的基本功能包括补充、矫正、规范初次分配的不足，其中再分配的矫正功能较为突出。但在实践中政府也逐渐意识到，再分配对初次分配的调整和矫正作用是有限的，再分配机制对解决收入分配问题虽然不可缺少，但也不能完全依赖它。可见，科学认识再分配的地位，合理界定再分配的功能需要积累经验。

过去我们对再分配政策、手段的认识很不全面，对各种政策所产生的收入分配效应的研究相对薄弱。由此导致很多实践更倾向于采用一些具有直接效果的政策手段，对间接政策的再分配作用重视不够。实际上，收入分配政策涉及国民收入分配中的各种经济变量，如积累基金和消费基金总量、财政收入支出总量、货币发行总量等，这些经济总量所发生的任何变化，都会对各经济主体的利益产生复杂的影响。再加上再分配目标本身是一个多元的目标体系，在国民收入再分配的过程中，政府需要从“宏观”上把握该问题，分清各子目标之间存在的主次关系。这是无法一次到位的，需要对再分配过程中不断出现的问题进行分析，联系各种问题产生的原因对再分配功能的定位进行调整。这意味着，如何把握重点，运用各种宏观经济政策更好地行使再分配职能，需要一个深入了解的过程，政府才能通过对各类政策手段的再分配功能进行科学的界定，包括各种间接手段、政策的协调运用和科学搭配等方面的改善，更好、更有效地实现对居民收入差距的调节。

三、我国居民收入差距调节涉及的类别

（一）合理收入形成的收入差距的调节

在市场经济的条件下，源于社会资源、经济资源和个人能力的不均匀分布，在市场机制的影响下，通过正常途径获取的收入也可能造成居民收入差距的不合理。这种收入差距主要是指与社会经济制度、政治体制等无关的，在市场经济体制的背景下任何国家都有可能产生收入差距，而并非转型期特有的现象。对与转型期制度缺陷无因果关系的居民收入差距，政府主要是做温和、适度的调节。我国对这方面的收入差距的调节的主要采取了两头着力的措施。

一是合理调节“过高收入”。这里所指的“过高收入”是指在市场经济背景下，由市场机会和市场评价的影响，通过合理、合法、规范的市场竞争获得的高额收入。这种高收入是实行市场机制必然会带来的影响，一部分社会成员在发展起点和个人能力上确实远远超过社会平均水平，在公平竞争的条件下必然给他们带来收入的高速增长。当这种收入超过一定的界限，通过一定的政策、手段，例如所得税等，对其进行合理的调节是有必要的。

二是提高“低收入”群体的收入水平。社会主义制度的优越性不仅应体现在它对生产力的促进上，同时也应体现在其社会成员发展的公平性和人道主义的关怀上。我国作为一个社会主义国家，通过各种途径提高“低收入”群体的收入水平是我国社会性质的本质要求。在社会成员中，有一部分由于各种先天生理原因或后天的发展机会等方面的影响，在市场竞争中处在相对弱势的地位，这决定了他们在收入分配方面的不利局面。如果社会不予帮助，将有可能导致这部分社会成员长期处在贫困的生存状态，无力改变自身社会地位，也难以获得摆脱“低收入”困境的机会，甚至把这种贫困向下一代传递。因此，适当对“低收入”群

体提供各种帮助，包括完善的社会保障制度、社会救济制度、公平的发展机会等，是使社会成员能共同分享经济发展成果的必然要求，也是我国调节居民收入差距一直很重视的途径。

（二）不合理收入形成的居民收入差距

进入转型期，中国出现了一些不合理的、非正常的收入形成的居民收入差距。这种收入差距的形成其原因并不在于随着市场经济建设而出现的市场自由化，更不在于普通民众刚开始享有的有限的财产权和经济自由，而是由于在经济转型和经济发展的过程中，各方利益集团相互博弈，产生了很多不公正的收入渠道所导致的。对正常收入以外的收入进行准确的分类是非常难的，我们通常所指的不合理收入、非常规收入、租金收入等，在内容上多有重叠。但我国在实践中，还是明确了“非法收入”“不合理收入”等不同对象的区别，“不合理收入”主要是指不违法但不合理或不正当的收入，其形成的差距也是调节的重点对象之一，主要包括影响较大的两类。

1. 垄断收入

社会主义市场经济建设的过程中，由于法制不健全，政策不到位，改革不彻底，导致行业垄断现象仍然存在。金融保险、电力煤气、交通运输、邮电通信、房地产等垄断性行业凭借垄断地位，获得高额垄断利润。这些高额垄断利润使垄断性行业职工的工资、福利远远高于社会一般行业职工的工资、福利水平，加剧了收入差距的扩大。对这部分收入我国一直将其列在必须予以调节的范围。

2. 剥削收入

由于市场经济的逐利性，不少人通过打“擦边球”，游走在法律的边缘，获取了大量的非规范收入，“剥削他人”形成的“剥削经济”就是其中一种典型的代表，即从压低工人工资、降低生产条件、变相延长雇员劳动时间等手段入手，以获取高额的不正当收入。这种收入的性质是与社会主义的本质相悖的，也是我国在调节中确定为必须予以控制的对象。

（三）非法收入形成的居民收入差距

“非法收入”的存在是导致目前收入差距不合理扩大的又一重要原因。各种非法经济、犯罪经济和权力经济直接损害了市场公平竞争的机制，通过这些途径获取的非法收入，引起了巨大的贫富差距，令社会成员强烈不满。概括起来，我国重点调节的非法性收入主要有以下几个方面。

1. “腐败收入”

“权力寻租”形成了大量的“腐败收入”，这种非法收入包括相互联系的两个方面，一是腐败形成的权力经济，即指权钱交易形成的高额“权力租金”，由公共权力及有公共权力背景的既得利益者获取；二是与“权力寻租”对应而生“贿赂经济”，即通过向权力行贿，获取各种隐性优势，从非公平竞争中获得高收入。

2. 取缔“黑色收入”

“黑色收入”包括来自“涉黑经济”和制假售假形成的“痞子经济”的各种收入，“黑色经济”和“痞子经济”从侵害普通社会成员和消费者权益中牟取高收入，性质恶劣，必须属于我国政府坚决予以取缔的范围。

3. 消除“灰色收入”

各种偷税漏税形成了“灰色收入”。据某些调查资料表明，在转型各种制度尚不健全的情况下，偷税漏税情况十分严重和常见，尤其是高收入人群中的偷税漏税难以估计，形成了巨额非法收入。

我国存在权力经济、贿赂经济、剥削经济、痞子经济、偷税漏税已经是不争的事实，依靠腐败收入、灰色收入、黑色收入而成为富豪的人已经是一个相当大的群体。这个群体不仅是低收入群体仇视的对象，也是社会主义制度所不能容忍的对象。改革发展鼓励个人致富，可以说，富裕阶层的形成是中国改革开放和发展市场经济取得巨大成就的标志之一。但中国需要的、承认的富裕阶层是财富与他对社会的贡献成正比的社会阶层。依仗权力经济、贿赂经济、剥削经济、痞子经济、偷税漏税而暴富的人，不仅谈不上对社会的贡献，反而危及社会的公平正义。这样的收入差距、贫富差距就容易产生对抗性矛盾，是潜伏的社会危机。对此，党中央态度坚决、鲜明地提出不能因为鼓励致富而对那些危及社会公平正义的“非法致富”讳莫如深。

四、我国调节居民收入差距的对策与经验

我国调节居民收入差距的实践已进行了多年，政府对不同类型的居民收入差距都出台了相应的调节政策和措施。分析我国实施过和正在实施的政策措施的成功与不足，可以为我国进一步完善收入差距调节政策提供经验与参考。

（一）对正常收入形成的居民收入差距的调节

对正常收入形成的居民收入差距，我国主要通过财政转移支付、税收政策和社会保障制度等对策来调节。

1. 消除影响财政转移支付的制度障碍

在再分配领域，政府是分配的主体，体现的是社会公平原则。财政政策是重要的再分配手段，也是避免收入差距偏离适度区间的经济杠杆，健全和完善公共财政收入分配体系是调节一般性居民收入差距的有效措施。

在实践中，我国政府发现财政政策潜在的再分配功能尚未充分发挥，且存在不合理的再分配倾向。这些弊端与一些制度障碍有密切关系，例如将户籍身份作为能否获得政府转移性支付的标准，是一种带有歧视性的再分配制度，也是加剧城乡居民收入不平等的重要制度障碍。为此，我国通过逐渐放松户籍管制的方式弱化了城乡分割制度的影响，以消除长期存在的城乡分割局面导致的城乡居民在享有政府转移支付方

面的较大差别，改变广大农村居民只能十分有限地享受政府提供的就业、教育、住房、医疗等转移性支付的局面。

为纠正转移支付制度的不合理倾向，我国适当增加了对社会低收入人群的扶助措施；对部分确实困难的地区，国家通过财政转移支付手段，增强其对低收入人群的保障救助功能，尤其加大了对落后地区和贫困群体的扶持力度。近年来，我国的扶贫政策由瞄准“面”过渡到瞄准“点”的精准扶贫，新的扶贫方式有效地改善了过去扶贫资金“跑冒滴漏”的情况，对增加特别是贫困地区及城乡贫困居民的收入，逐步缩小区域经济发展差异以及城乡收入差距，起到了积极的作用。

2. 税收政策

税收的分配功能在调节居民收入差距方面有重要作用，税种和税率都可以直接影响收入分配的结果，实现税收的有效调节是解决中国居民收入差距问题不可或缺的对策。实践证明，税收政策贯串分配的全过程，其分配功能不仅存在于初次分配领域，也存在于再分配领域，只是它存在于不同分配领域时遵循的原则和追求的目标不同。

（1）完善个人所得税

在税收政策中，个人所得税是调节居民收入分配的主要手段，但中国个人所得税制最初很不成熟，这导致我国在个人所得税的征管过程中，出现了高低收入纳税群体的税负压力倒置。为适当减轻中低收入阶层的税负水平，让高收入阶层成为更有效的纳税群体，解决税收征管中税源流失问题，我国在保持税收政策的连续性与稳定性的基础上，兼顾税制的公平、效率和操作的可行性，改进了个人所得税计征模式。在以下几个方面更好地实现了税收政策的公平与合理，取得了税收调节收入差距的可贵经验。

完善个人所得税征收机制需要不断增强税收的适应性与调整性。通过调整个人所得税起征点，提高个人所得税的扣除标准，将工薪阶层中的低收入群体排除在纳税范围之外，减少中等工薪收入阶层的纳税额，重点解决工薪收入群体而不是高收入人群作为主要缴税群体的情况。我国的个人所得税的起征点从 800 元调到了 3500 元，一方面适应了社会整体收入水平的变化，另一方面确实降低了中等收入群体的税收负担，增强了对高收入者的调节力度和对低收入者的保护。我国所得税的税率结构也从 9 档调到了 7 档，对税率结构的简化和税率水平的调整，是朝着更好地体现公平性、效率性的方向的尝试，收入调节功能的发挥也有所改善。税率的微调也是为了主动适应各项经济指标的变化，更符合经济发展趋势。以上这些措施的落实，十分有助于个人所得税更好地发挥调节收入差距的作用。

（2）改革涉农税制

我国在改革实践中，不断深化农村税费改革，改革涉农税制，做到了农村税负从轻。从 2001 年开始，我国在部分省市推动了“三取消、两调整、一改革”的农村税费制度改革试点，大力消除了农村乱收费、乱摊派和乱罚款等不良现象。随着这一制度改革的逐渐推广，2006 年我国最终全面取消主要直接面向农民征收的各农业税种。从直接影响来看，农村税费改革有效减轻了农民负担，从更深层次的影响来看，农村税费改革理顺了国家、集体与农民之间的分配关系，通过法律对农村税费进行规范是分配领域在宏观层面的重大调整，这是缓和城乡居民差距的重大举措之一。

3. 工资政策

在工资政策方面，我国也是倾向于着力增加城乡居民，特别是低收入者的收入，改变低收入阶层缺乏支付能力的状况，对扩大中等收入者比重有一定关注，总体效果集中在通过逐步提高居民收入的整体水平，来调节收入差距。在效率的维护方面，主要采用的措施是推行和完善绩效工资制度，工资总体水平与企业经济效益挂钩，职工个人工资水平与劳动贡献挂钩；在对公平的维护方面，主要是健全企业工资收入分配宏观指导监控体系，完善、推广工资指导线制度，推行并健全劳动力市场工资指导价位制度，包括实行最低工资，加强对企业工资分配的监察力度，维护劳动者合法权益。总体上，通过建立企业职工工资与国民收入及经济效益同步的正常增长机制，在一定程度缓解了居民收入滞后于经济增长、滞后于预期支出的局面。

4. 社会保障制度

无论从公平还是从效率的角度来分析，加强和完善社会保障体系都是十分必要的。为解决低收入和贫困问题，我国不断完善社会保障制度，目前这已成为缩小居民收入差距一项重要且有效的措施。收入分配政策的重要内容之一就是扶助贫困群体，以社会保险为主体，包括社会救济、社会福利、优抚安置、住房保障等在内的社会保障制度框架确立后，我国通过不断扩大社会保障制度覆盖的范围，尽可能地保障了低收入者和弱势人群的收入水平。

（1）社会保障制度改革探索阶段

1993 年，我国在党的十四届三中全会明确阐述了建立多层次的社会保障体系，一系列关于社会保障的法律、法规出台，涉及职工的社会保险、养老保险及医疗保险制度改革。在城市，我国不断完善城镇职工失业、医疗、养老、工伤、生育保险等社会保障制度。自 1998 年后，我国建立了下岗职工基本生活保障、失业保障、城镇居民最低生活保障这三条保障线制度，保障下岗职工、失业人员及城镇困难家庭的生活。2003 年我国进一步完善了工伤保险制度，2009 年中央提出深化医药卫生体制改革，并在其后逐步实现人人享有基本医疗卫生服务的目标。

（2）社会保障制度城乡统筹发展和制度创新完善的新阶段

由于我国城乡发展失衡，农村社会保障制度建设也严重滞后于城市，党的十六大后，中央提出加快建立覆盖城乡居民的社会保障体系，结束了在制度设计中对农村的长期忽视。改革过程中，我国有效应对了农村社会保障制度的缺失、社会保障基金供给不足、社会保障法制化进程缓慢、转制成本等问题。2003 年，新型农村合作医疗制度在全国部分县（市）试点，2005 年提出解决农民工社会保障问题，2007 年开始在全国农村建立最低生活保障制度。我国还提出要继续完善和发展农村合作医疗，大力发展农村医疗救助，并提高相关财政补助和支出水平。显然，这些措施使我国社会保障体系更加完整、合理。

社会保障体系的健全和完善使社会保险覆盖率不断提高，一些处于无保障状态、急需社会保障的人口逐渐进入保障范围，减少了应参保而未参保的用人单位。扶助实践显示，政府一直致力于加大对弱势群体的扶助，提高城乡居民最低生活保障，扩大救助面，保证城乡居民在个人谋生能力中断或丧失时，其基本生活能够得以保障。从社会保障制度的发展来看，使全体社会成员都逐步纳入到这张安全网中，是我国实现社会公平的必要途径和重要经验。

（二）非规范收入形成的居民收入差距的调节经验

“非规范收入”的存在对收入分配秩序的影响会使调节收入差距变得困难。在我国着力调节这种类收入形成的差距时，虽然过程中遇到的困难颇多，但也积累了一些解决收入来源的规范性问题的经验。

1. 对垄断收入的调节

垄断行业过高的工资水平是我国对高收入进行调节的重要部分。我国在打破行业垄断、消除垄断的体制基础、切断某些行业与政府部门的特殊内部关系、消除非自然垄断行业的市场准入壁垒、最大限度在自然垄断行业引入竞争等方面，均进行了尝试并积累了不少经验。

（1）通过价格政策进行调节

在社会主义市场经济条件下，虽然价格管理体制的核心是保证市场形成价格，但政府依然拥有部分权利，主要是价格指导权，包括最高限价、最低限价及特殊商品定价权。我国政府利用这一价格调整措施，影响交换双方的实际收入，从而改变了一部分国民收入在各部门、各企业以及居民之间的分配情况，起到了一些调节收入差距的效果。例如，政府举行价格听证会，听取群众意见，作为制定价格指导方针的客观基础和调节垄断行业商品定价的客观依据。通过在一定程度上影响垄断行业的商品价格，可以控制垄断利润，调节垄断行业的过高收入，近年来通信行业部分产品垄断定价下调和银行部分服务费用的调整都是政府通过价格政策调节收入分配的一个例证。

(2)通过引入竞争机制进行调节

垄断对公平与效率都有较大的负面影响，加大反垄断力度是促进公平与效率的必然举措。我国的垄断现象主要是以依靠政府的行政力量支持而形成的行业垄断与地方垄断为主，因而与西方成熟市场经济中由自由竞争演化而来的企业垄断有着很大的不同。实践证明，不能仅仅依靠政府自身对垄断进行管制，最好方式是深化企业改革，引入竞争机制限制垄断，推动垄断水平降低，从而降低垄断企业的超额垄断利润水平，最终有效控制垄断利润对收入差距扩大的影响。

显而易见，只有在内外竞争压力不断加剧的情况下，才可能真正撼动传统垄断行业的垄断地位，从而消除行业收入差距的经济基础。我国通过培养企业的竞争意识，使其成为真正的、有实力的竞争主体。针对不同行业特点，政府对国有垄断行业进行了改革重组，建立现代企业制度，采取不同措施引入竞争机制，例如，我国对特许经营权、土地出让、重大市政工程项目实行全社会招标，减少人为因素，实现公平竞争，既堵住国有资产流失的漏洞，又使企业经营成果真正体现经营能力。同时结合体制改革，打破资源性垄断，减少行政性垄断，分离自然垄断领域中的非垄断环节，消除地方部门的价格保护与垄断，降低垄断市场进入的门槛，消除名目繁多的各种市场准入限制等，这些措施都促进了自由竞争，推动了我国反垄断的发展。

(3)规范垄断企业的收入来源和工资水平

为规范国有垄断企业的收入，我国加大了对垄断企业工资外收入的来源渠道和工资水平的管理力度。

一是清理和整顿国有垄断经营性企业的工资外收入，要求国有垄断企业发放给职工的、任何形式的收入都要纳入国家统计的工资总额范围，并清理和取缔国有垄断企业“小金库”的账外收入，强化了对企业支付给职工的福利及奖金的调控，合理的部分纳入工资总额，坚决取缔违规违纪发放的工资外收入。对违反国家政策和突破工资控制额度的企业，持坚决予以追究的态度。

二是建立健全垄断企业工资水平管理体制。我国从宏观上对垄断经营性企业的工资总额进行了控制，防止其不合理的过快增长，督促垄断行业降低成本，将垄断利润转化为国有资本金；同时在企业内部实行工资分配改革，以控制国企高管与普通职工之间的收入差距。2000 年，劳动和社会保障部提出包含基准线、上线和下线的工资指导线制度，可用于对垄断企业的收入水平进行调节。例如，广州考虑到垄断企业的自身特点及其市场地位等多种因素，在 2013 年就规定“对于依靠国家特殊政策获取超额垄断利润的垄断性行业和企业，工资水平已达到本地区上年度在岗职工平均工资 3 倍以上的，原则上不应再增加工资”，尝试通过最高工资指导线的设置，限制垄断行业过度高于社会平均水平。

2. 通过劳动保障制度建设消灭剥削经济

由于市场中出现很多侵害劳动者利益的行为，国家对雇佣劳动者的利益，在各方面都出台了政策保障。但是雇主的行为常常“上有政策，下有对策”，侵害劳动者合法的收入权益。为此，在保护劳动者的制度方面，我国采取了一些具体措施，例如建立健全就业、工资监管方面的制度。

一是制定和实施反就业歧视和反工资歧视的法律，对形成劳动力市场上公平竞争和同工同酬起到了保障作用。

二是我国还通过最低工资制度，制定用人单位向招用员工支付的工资水平的最低界限，并会随生活费用水平、职工平均工资水平、经济发展水平的变化而调整，确保了劳动者的基本权益。

三是对用人单位的试用期制度进行了规范，有效控制了企业恶意解聘试用期人员的行为和“零工资”就业现象。

（三）非法收入形成的居民收入差距的调节经验

“非法收入”是一种很难查证的隐性收入，会使收入差距矛盾日益尖锐，并极其不利于中国经济转型的稳定推进。因此我国十分重视消除

“非法收入”及其造成的居民收入差距，也积累了一些调节经验。

1. 完善法律制度

要取得经济体制转型的成功，解决转型各种经济问题，需要建设其他相配套的体制，也就是要在建立市场经济体制的同时，建立民主法制社会。市场经济也是法治经济，这是我国在实践中积累的宝贵经验。建设市场经济，必须明确执政党与政府之间、政府与社会之间、政府与市场之间、政府与企业之间的关系，特别需要明确公共产权与私有产权的界限，这一点必须用严肃的法律来确定和加以保证。另外，市场经济的社会必须要对权力和资本加以约束，使其不能背离社会全面发展的目标。单凭道德批判及意识形态的约束，不可能实现对资本和权力的制衡，必须依靠法治。为从根本上解决转型期各种非法收入造成的差距，不断完善相关的法律制度，努力在取缔各种“非法收入”中做到有法可依是最基本的。

2. 规范政府行为

为防止权力渗透于分配领域而影响个人收入水平，我国一直在努力规范政府行为，从源头上防止非法收入的大量滋生。为达到这一目标，我国首先是大力减少政府对市场机制不必要的干预，使市场机制有足够的活动空间使自身的功能充分发挥出来。政府干预少了，腐败的机率自然就会减少，权力对收入分配的影响也就少了。其次，我国一直在转变政府的管理方式，如果沿用计划经济时代的政府管理模式来调控市场经济，政府与市场的冲突将不可避免。政府要管理好市场，必先管理好政府自身，尤其是以习近平同志为核心的中央领导集体十分重视政治体制改革的推进和党建工作，大力地反腐对消除非法收入产生了很积极的作用。

3. 优化市场机制

为使市场机制能产生抑制非法收入的作用，我国一直在完善能充分发挥市场机制作用的基础，一是构建了完整、统一、规范、开放的现代市场体系，最大限度地实现生产要素的自由流动，减少寻租的机会；二是健全和完善市场组织体系，尽快改变各类市场组织不规范的现状，切实加强对市场主体、客体和行为的监管；三是完善市场规则，构造竞争机制，整顿流通秩序，强化市场管理，尤其是在取缔非法经营活动，严厉打击欺行霸市，哄抬物价等方面有不少具体措施，有效地制止了利用非法手段牟取暴利的行为。

4. 建立收入显示系统

由于我国收入分配管理手段相对滞后于经济发展，收入分配一度处于政府无有效监督的无序状态。而在转型期，居民个人收入来源又很庞杂，一些人的实际收入究竟有多少，难以从工资单上反映出来，造成个人收入的透明度极低，这样的状况对通过税收调节居民收入差距，造成了极大制约和负面影响。为解决这一问题，我国也采取了多方面的举措，对于造成目前收入分配中贫富差距不断扩大的“非法收入”，尝试通过一定的监控机制规范个人收入，主要是建立一个明晰的收入显示系统，目前已经取得了进展，包括加快工资制度改革，建立了个人收入申报制度等，增强了收入分配的透明度。

第三节　进一步调节居民收入差距的对策思考

随着我国经济发展进入新常态和基本矛盾出现新变化，缩小居民收入差距以实现更公平的收入分配的任务面临新的挑战。要实现更好的收入差距调节效果，面对现行收入分配体系和各项收入再分配政策的不足之处，我国还需要进一步深化收入分配改革，继续健全和完善分配调节机制，优化各项政策的收入调节力度和功能。

一、拓展调节思路

我国很多调节收入差距的措施都是针对改善低收入群体收入状况

的，为丧失或缺乏劳动能力的贫困人口获得基本生活提供了保障，在减少绝对贫困人口方面取得的显著成绩对调节我国收入差距产生了积极作用。但相对于改善低收入群体的状态做出的努力，我国对高收入群体的调节还比较薄弱。根据胡润研究院发布的《2017 胡润全球富豪榜》，华人 10 亿美元富豪总数有 652 人，占全球的 29%，而华人占世界人口的比例也只有 20%。大中华地区有 609 位身价 10 亿美元的富豪，在数量上超过美国，虽然中国的人均 GDP 远低于美国等发达国家，但这一群体的数量已经是第 2 年领先于美国了。在人均 GDP 还在千位数的情况下，这么多身价惊人的富豪，足见国内贫富差距之大。根据北京大学发布的《中国民生发展报告 2015》，我国的家庭财产基尼系数由 1995 年的 0.45 上升至 2012 年的 0.73，顶端 1% 的家庭占有全国三分之一以上的财产，底端 25% 的家庭拥有的财产总量仅在 1% 左右，[①] 居民家庭的财产性收入差距已越来越显性化。这也要求我国开始在调节中，不仅重视收入差距的调节，同时开始重视财产或财富差距的调节。

由于我国政府尚缺乏有效手段调节居民的财产差距，面对顶尖的高收入群体，我国在调节上主要还是依赖个人所得税。目前看来，效果一般。我国以后的调节政策除了继续充分发挥收入再分配的“提低”作用，更要在调节收入分配的过程中重视“扩中”和“调高”，促进中等收入群体持续扩大，并使过高收入得到更合理且有效的调节。事实上，优化居民收入差距的调节效果，“扩中”和“调高”应该变得更重要。

二、坚持两大调节准则

（一）深化初次分配领域改革

缩小收入差距是我国推行共享发展理念的具体体现，即要“坚持发

① 李建新等：《中国民生发展报告 2015》，北京大学出版社 2015 年版，第 6 页。

展成果由人民共享，做出更有效的制度安排，使全体人民在共建共享发展中有更多获得感”，才是合理的。以共享发展理念为导向，要求我国大力推进初次分配制度设计的完善，使之更加公平合理，更好地进行收入分配调节，使所有社会成员更好分享经济发展成果。

在我国初次分配环节产生的居民收入差距，成因复杂、性质也特殊，既有经济主体占有生产要素数量、质量差异以及经济决策差异产生的合理差距，也有不合理的初次分配在起点与过程中就已必然导致的差距，这类差距多是因制度不合理造成的收入的不公。如要素市场不完善、产权制度不健全、部分行业行政性垄断、寻租腐败、教育不公平等。在此情况下，我国初次收入分配所面临的主要矛盾，不仅仅是收入分配结果上的不平等。通过实践我们认识到，政府可以采用税收和转移支付等再分配手段对收入初次分配的结果进行调控，但主要是针对合理收入形成的差距比较有效，在消除“非规范收入”和“非法收入”造成的差距方面，这类措施的效果比较有限，有些可以调节但不能治本（如垄断行业过高收入），有些则难以或无法调节（如腐败收入、违法经营收入）。因此，政府应更有效地对初次分配领域的一些情况进行调控。如果初次分配关系理不顺，试图通过加大收入再分配力度调节收入差距，其作用效果会受到很大限制，难以较好实现降低收入不平等的目标。所以，对于我国而言，要促进收入公平分配、缩小收入差距，应更加重视完善初次分配体制，实现初次分配改革与再分配改革的协调并进。对于不合理及不合法收入，主要通过理顺初次分配机制来解决。为此，我国需要进一步转变政府职能，使其在资源配置方面更好、更充分发挥依法管理、调节和监督职能，不断对初次分配领域进行规范。

（二）持续优化再分配政策

1. 提高政策的精准度

继精准扶贫取得成效后，我国可以考虑将这一经验应用推广，提高再分配政策的针对性与精准度，建立识别机制，包括完善个人收入与财产监测体系、健全财产评估体系、全面实现全国社保信息联网、促进部门间信息共享等，根据社会成员收入的具体特点进行分类，使政策调节的重点对象更突出，改善执行层面的绩效，探索建立收入再分配政策绩效评估体系，提高社会救助的瞄准精度，在既定的公平分配目标下尽可能减少效率损失。

2. 优化收入再分配政策的协同作用

再分配政策从来不是孤立存在的，各项政策之间经常存在着相互影响，由于各项收入再分配政策普遍具有多种职能定位，政策效果也往往会形成一定交叉或叠加。因此，再分配对居民收入差距的调节效果，不仅与每一项政策自身的再分配功能有关，同时也取决于各项政策的组合协同效应。例如，优化各项社会保障制度的衔接，包括社会保险、社会救助、社会福利政策的协同等。要综合运用各项收入再分配政策实现“提低、扩中、调高”目标，都会遇到公平与效率两大目标的权衡问题，从国外实践看，有些再分配制度的创新确实也能同时增进效率与公平。因此，我们的努力方向，就是结合实际情况优化与创新制度设计，重视收入再分配政策多重目标的协调，取得更好的政策协同效应。

三、具体措施

由于初次分配领域中“效率”原则与“税赋公平”原则的结合必然导致收入差距扩大，为体现社会公平，我国还是应实施更多具体措施持续矫正不合理的收入差距。

（一）提高低收入的措施

1. 完善个人所得税制

税收分配功能表现在对分配结果的调节上时，应体现出税收的非中性原则，即对收入和财产实行不同的税收标准。从促进收入分配公平的角度来说，税种的增减，税率的高低，都应该主要面向高收入人群，以减轻低收入人群的税负负担。

（1）加快推进综合与分类相结合的税制改革进程

进入21世纪后，尽管我国个人所得税在免征额和税率档次上多次调整，在“提低”和“扩中”方面的作用有所改善，对“控高”的效果并未明显加强，可见这种“一刀切”的方法不能实现个人所得税制的深度完善。为了降低税制改革难度，在实践中我国一直在采取渐进改革方式，分步推进实施。发展到现在，要更好发挥个人所得税缩小收入差距的功能，应加快实现综合与分类相结合的课税模式，进一步推动个人所得税制的深度改革。为条件成熟以后，我国实行完全的综合课税模式积累经验和基础。2018年，个人所得税第7次税改方案草案审议，此次税改不仅将个税起征点提至5000元，且开启了我国个人所得税从分类计征向综合与分类相结合转变的进程。但这只是第一步，毕竟仅有四项所得纳入了综合计税，推进综合与分类相结合的税制改革仍是一个长期的过程，需要我国政府根据实际情况持续进行完善。

继续实行分类征收的项目要区分两种类型，一种是暂时分类征收但不久将纳入综合征收范围的项目，另一种是长期实施分类征收的项目。为了避免税制变动过于频繁，建议仅对长期实施分类征收的项目进行调整。我国对资本所得项目、偶然所得与其他所得可能在较长时期保持分类征收模式，为了促进分类征收项目税负合理化，以有效对高收入者进行调节，应适当调整以上所得项目当前的征收范围和税率。

在综合征收方面，借鉴国际经验，综合考虑公平、效率与征管因素，此次工资薪金所得、劳务报酬所得、稿酬所得、特许权使用费这四项劳动所得已被纳入综合征收范围，以后可考虑扩大到个体工商户生产经营所得、对企事业单位的承包经营和承租经营所得这两项混合所得，最后再根据实际情况有选择地对部分资本所得项目实行综合计征，并应合理设置最高边际税率水平，以防过度损害经济效率。对实行综合计征的所得，在引入综合征收的初期，为了降低税收征纳成本，适用综合课征的全体纳税人均享受标准扣除，并随着综合征收范围的扩大和税收征管条件的成熟，应相应地提高标准扣除水平；此外，可考虑建立退税机制，借鉴国外劳动所得退税补贴（EITC）制度，对符合条件的群体，对其一定数量的劳动所得进行退税，对此次税改新增的专项附加扣除，尽快建成有效的信息采集机制和操作规程。

（2）建立个人纳税专用号码

在全国范围内采用纳税人单一身份证号码登记系统和支付方强制性预扣制度，统一身份证号码、纳税号码与社会保障号码，将纳税贡献和社会保障联系起来，当纳税人的收入低于起征点时，国家按照其缴纳的税金，给其一定比率的补贴金；另一方面将纳税人的纳税年限和纳税累积额与享受的医疗保险、养老保险、失业保险联系起来，可以考虑从征收的个人所得税中按比例划拨资金建立个人纳税群体的基金账户，给大部分纳税人解决后顾之忧。

2. 持续提高公共服务水平

改善低收入群体的收入状况，政府应该从提高公共服务水平等方面进行努力。

（1）优化社会保障

社会保障是国家依法建立，具有经济福利性质的国民生活保障系统，它通过社会福利和社会救济等方面的运作，具有缩小居民收入差距、减少社会不安定因素的作用。对于我国而言，要使社会保障制度充分发挥作用，需要完善的方面还很多。

一是要科学设计社会保障方案，要以社会保险、社会救助、社会福利为基础，以基本养老、基本医疗、最低生活保障制度为重点，以慈善事业、商业保险为补充，加快完善社会保障体系。促进企业、机关、事业单位基本养老保险制度改革，提高统筹层次，制定全国统一的社会保险关系的转移接续办法。采取多种方式充实社会保障基金，加强基金监管，实现保值增值。加快建立与经济发展水平相适应的保障标准和方式，完善城镇最低生活保障制度，创新农村社会保障品种，还应逐步推进社会保障服务社会化，建立合理、规范的社会保障管理体系。

二是要健全社会保障的财政支持机制。随着就业、医疗、教育、住房等改革的推进，许多过去由政府完全负责或提供补贴的福利和保障开始由个人承担，政府需要增加相应社会消费的转移支出。进入21世纪，政府获得的收入税和社会保险交款等转移收入，依然大于社会补助等转移支出。2005年，我国财政社会保障经费占财政总支出的比重为11%，不仅远远低于发达国家30%~50%的比例，甚至远低于印度、泰国等发展中国家的水平。[①] 2006年，全国财政收入39343.62亿元（不含债务收入，下同)，比2005年增加7694.33亿元，增长24.3%，比预算超收3920.24亿元。2006年，中央财政社会保障支出2010.02亿元，全国财政教育支出4752.7亿元，全国财政医疗卫生支出1311.58亿元。[②] 根据《中国统计报告2007》的数据，2006年全国财政社会保障支出、医疗卫生支出和教育支出总计占全国财政支出的20.9%，占全国GDP的3.9%。根据《中国统计报告2017》的数据，2016年全国财政社会保障支出、财政医疗卫生支出和财政教育支出总计占全国财政支出的33.5%，占全国GDP的8.4%。从数据上看，我国用于社会保障的财政资金在逐渐增加，但占比依然有提高空间。在这方面，应进一步健全社会保障的财政支持机制。

三是考虑开征社会保障税。目前，全世界已有172个国家建立了社会保障制度。社会保障税是用于筹集社会保障所需资金的一种税收，第二次世界大战后得到迅速的发展，现已被许多国家所采用并作为国家社会保障体系中主要的资金筹措手段。但是，现阶段中国主要通过征收社会保险费来筹集社会保险基金，这种筹资方式出现了不少弊端，如管理不规范，缴费基数不统一，覆盖面过窄以及征收刚性不强等。因此，从公平收入分配、优化税制结构和规范社会保障基金筹集方式的角度看，

---

① 林旭：《警惕国民收入分配严重失衡》，载《证券时报》，2006-12-01。

② 财政部：《关于2006年中央和地方预算执行情况与2007年中央和地方预算草案的报告（摘要)》，载《中国证券报》，2007-03-19。

将中国的社会保障费改为社会保障税是非常有必要的。不过从我国的情况来看，不宜推进过猛，征收范围适宜限于城镇并根据险种分级征收，可于城市先行试点。

（2）实施积极的就业政策

就业不足会制约居民收入和消费支出的增长，进而对经济发展产生减速作用，影响收入分配的基础。党的十九大提出，就业是民生之本，就业政策是最根本的收入分配政策之一。要缓解中国居民收入差距过大的现状，改善就业情况，提高就业率是必要措施之一。在巨大的就业压力下，政府应加快劳动力市场建设，不断完善劳动者自主、市场调节、政府促进三者有机结合的就业机制，促进就业形式的灵活多样，达到通过扩大就业控制中国低收入群体规模的目的。

要不断改善就业形势，发挥就业政策调节功能的核心内容，一是确保就业优先，把扩大就业摆在经济、社会发展更加突出的位置，坚持实施积极的就业政策，拓展就业渠道，增加就业岗位，创造尽可能多的就业机会。从我国国情和目前的就业结构看，发展中小企业、第三产业、新兴产业，加快城镇建设等等，都是增加就业的重要渠道；二是确保就业权的平等，消除因就业选择限制而产生的收入差别。特别是要进一步消除城乡间的就业歧视和择业差别，使劳动者能够根据自身的追求和特长自主择业，形成劳动要素合理配置的局面；三是改革不利于扩大就业的政策和制度。目前，我国还存在着一些不利于拓宽就业渠道、增加就业容量的政策和制度，对我国缓解就业压力造成了不必要的障碍。

（3）促进教育公平

实现教育公平是实现社会公平的重要环节。政府应加大对贫困地区和农村地区的教育投入，保障社会成员享有公平接受教育的权利和机会，对我国一些顽固存在的收入差距有重要的调节意义。例如城乡收入差距，这是城乡长期分割所带来的恶果，但是它一旦形成，就很难仅仅依靠打破城乡壁垒来消除。改革开放以来，虽然城乡交流日益频繁，但是城乡收入水平差距却一直较大，其根源之一就在于农村地区教育相对落后的状况并未真正得到显著改善。因此，即使农民可以完全自由进城打工，广大农民的素质与市场经济发展的要求尚有较大差距，其在就业竞争中也必然处于劣势，仍然难以改善与城市居民在收入水平上的相对地位。可见，要改变这种状况，促进农村地区人力资本积累将是关键所在。这需要政府不断深化教育体制改革，加大农村和落后地区的教育投入，打破优质资源的精英垄断。一是要完善义务教育政策，推进城乡基础教育均衡协调发展。目前，我国农村义务教育投入体制仍是中央与地方共同负责，应深入探索农村义务教育经费保障机制改革，构建新的义务教育财政体制，增加对基础教育的投入，实施各种农村中、小学建设工程，健全扶贫助学体系等，并在社会救助中增加教育救助的内容；调节教育资源分配，对特困地区可考虑建立教育岗位特殊薪酬制度，持续鼓励和促进优质教育资源向农村、欠发达地区流动；尝试引入信息技术手段，通过远程教育实现城镇教育资源共享，使各地基础教育质量趋近。二是要为贫困群体的子女提供高中教育援助，政府可考虑在将来条件成熟时，把高中阶段纳入义务教育范畴，而在无法实现高中义务教育的当前阶段，可考虑为低收入群体的子女提供补助或实行收费的柔性调节机制。

3. 深化农村经济改革

提高农民收入，应继续按照“多予、少取、放活”的方针，以增加农民收入为重点。第一，通过农业结构和组织结构的调整，发展优质、高效、高附加值农业和农业产业化经营，大力推进新型职业农民的培育。第二，深化粮食流通体制改革，增加农民的种粮收入。第三，通过加快土地征用制度改革，实行最严格的耕地保护制度，完善土地征用办法、补偿标准和补偿机制。第四，继续清理对农民进城就业的隐性歧视政策，消除阻碍劳动力流动的各种制度性障碍，进一步推动户籍制度改革，建立合理的劳动力流动政策，确保劳动力身份的平等。充分发挥城乡之间劳动力流动在缩小收入差距上积极的作用。

4. 继续推进区域均衡发展

国家的地区经济发展政策也会明显影响收入分配，过去倾斜式、非均衡区域经济发展模式的影响，导致了显著的区域间居民收入差距。中国政府对区域间居民收入差距十分重视，这一点从西部大开发到东北老工业基地的改造均有体现。政府为调节这种收入差距做出了极大的努力，与城乡间和行业间的收入差距调节相比，东、中、西三大经济带之间调节效果是最好的，成绩最显著。但从目前中国区域经济发展的整体状况来看，区域间居民收入差距的经济基础仍然顽固地存在。因此，要进一步调节区域间居民收入差距，一方面，要采取各种再分配手段缓和当前差距；另一方面，要通过进一步采取合理、科学的区域经济发展政策，促进区域经济均衡发展，从根本上消除差距存在的经济基础。具体来说，各地区之间需要加强区际间、区域内的合作，利用本地区的资源优势和原有基础发展特色经济，继续发挥区域政策调节收入差距方面的积极作用。

5. 重视第三种力量的作用

第三种力量是指市场力量与政府力量之外的力量，包括各种基金会、慈善组织、民间团体、宗教组织等非营利机构、营利机构和社会成员个人。营利和非营利机构以及社会成员个人通过无偿地向受援居民提供实物或货币形式的援助也是一种调节利益分配的力量。营利机构向受援人提供的实际上是收入从股东、所有者或职工向受援人的转移；非营利机构所担当的角色一般是中介人，所提供援助的来源一般是各种机构和个人的捐助。非营利机构的活动就是使收入从援助机构和个人向受援人转移，这也是一种利益的再分配过程。居民个人可基于血缘关系、姻缘关系、同情心等而向他人提供援助，这会使受援者收入增加。例如，推进“爱心工程”和“慈善工程”，全方位、多层次开展社会救助。虽然第三种力量目前能够发挥的收入调节作用相对有限，但消减居民收入差距不能忽视第三种力量的作用。事实上，随着 2016 年《慈善法》的实施，我国慈善事业进入了快速发展时期，这意味着我国慈善事业监管体系的建设起到了积极的作用，以后应该进一步对其进行完善，不断促使其发挥更好的作用。

（二）调节高收入的措施

我国正在探索中的特别消费税、财产税、赠予税、遗产税等都是调节高收入群体的有效途径，这些税种可从总体上控制财富占有差距的扩大，尤其是有利于控制财富隔代相传而引起的居民收入差距。

1. 推动财产税的开征

财产税主要是指遗产税与赠予税，这两个税种的开征主要不是出于财政收入的考虑，而是为了对个人所得税无法有效调节财富的短板进行补充，主要是调节存量财富的分配，防止财产过度集中，促进社会长远和代际间的发展公平，因此，应该采取高免征额和高累进税率。从目前中国的税收征管水平出发，应该采取遗产税与赠予税分设的模式，遗产税与赠予税相配合的税制模式。

征收财产税必须能准确确定个人财产的来源，这需要实现纳税人收入显性化，那么建立完善的税收征管措施不可或缺。因此，开征财产税应该辅以收入信息采集机制建设，即必须建立一个健全的个人收入和财产信息系统与之相协同，以有利于税务机关有效监控财产税、遗产税等税源。具体可采取以下措施：一是实行个人财产登记制并建立大宗支出申报系统，以便通过纳税人个人财产来源信息和支出情况核查纳税人收入的真实情况，以有利于监管；二是加快税收管理信息化建设，建立税务部门与相关部门的信息共享对接平台，加强对高收入者的重点管理，从收入主体上控制收入差距的扩大。

2. 加快推进房地产税的实施

随着中国房地产市场的持续高速发展，房产已成为居民家庭财富的重要组成部分。房产占有量的差异将极大地拉开居民家庭的财富差距。因此，在全国范围内开征统一规范的房地产税是十分必要的。理论上，开征房地产税不仅能够增加财政收入，是调节房地产市场的收益分配，减少房地产投机的重要手段，同时也是政府调节居民家庭财产差距的重要措施之一。在一些发达国家房地产税收入占地方税收的70%以上，而中国这一比例很低。2011 年，房产税作为房地产税的试行措施在我国上海和重庆开始试点，但并没有推广，房地产税后续几年推进较为缓慢。2017 年，我国财政部表示要按照“立法先行、充分授权、分步推进”的原则，推动房地产税的开征。显然，我国还需要尽快冲破阻力，推进相关立法进程。

3. 进一步完善消费税

完善消费税可以更好地调节高消费行为。消费税作为收入分配调节体系的有机组成部分，是个人收入处置过程中不可缺少的调节手段。可对消费税进行以下改革。第一，对现有的税目进行结构性调整，做到税目有增有减。一些新的奢侈性消费品列入征收范围，从现行高档消费品征税范畴来看，涉及奢侈品的项目主要包括贵重首饰及珠宝玉石、高尔夫及球具、高档手表、游艇和高档化妆品、130 万元以上豪华小汽车等几种，种类还是比较少，税率设置也并不合理，并不符合调节高收入群体的初衷。根据商务部统计数据显示，2016 年中国人在境外消费的奢侈品高达6300 亿元，占全球奢侈品消费的46% 。[①] 原有的奢侈品消费税征收范围已远远不能覆盖我国的奢侈品消费行为，应考虑将私人飞机、高档服装与箱包、高档电子产品等纳入范围，同时完善税率结构，起到加强收入调节的作用；此外，还应将特定的高档消费行为纳入征税范围，例如，高收入人群的奢侈性休闲娱乐行为，包括高档娱乐养身会所、高尔夫球运动等，对这类型的经营项目和服务项目在征收营业税的基础上另行征收消费税。第二，调整纳税环节。针对目前纳税人通过转移定价避税的现象，可考虑将消费税纳税环节向后推移至批发零售环节，对高档消费行为可在消费行为发生时征税。第三，将价内税改为价外税。实

---

① 中华人民共和国商务部：《2016 年全球 46% 奢侈品消费来自中国》，载《中华人民共和国商务部官方网站》（http：//ltfzs. mofcom. gov. cn/article/diaocb/hydt/201703/20170302537269. shtml）

行价外征收有利于发挥消费税的调节作用，提高纳税人的纳税意识。

4. 继续加强市场法制建设

市场经济是以交换为主要特征和内容的法治经济。要充分发挥市场机制的调节作用，必须强化市场法制建设。一是要充分构建和不断完善发挥市场机制作用的法制基础，实现市场主体规范化、市场客体标准化、市场行为法制化；二是要打破行业垄断，设立垄断价格管制机构，促进公平竞争，提高国有垄断企业服务水平与经营效率，培植国际竞争力，对限制市场竞争和损害公众利益的垄断行为进行制裁；三是要持续完善市场规则，整顿流通秩序，强化市场管理，努力塑造文明的市场行为主体，强化取缔非法经营活动的法制基础。

（三）扩大中等收入群体规模的对策

1. 拓展收入渠道

根据有关学者基于《中国统计年鉴》数据的研究，我国中等收入各组的工薪收入占比要高于低收入各组和高收入各组，低收入各组和最高收入组的经营净收入占比要高于中等收入各组和高收入组。[①] 因此，随着我国居民的收入来源正日益变得多元化，对于尚未进入中等收入群体的居民，可采取措施为他们增加创收渠道，推动该群体向中等收入群体发展，例如推进理财知识与观念的普及，促进增加经营性收入、财产性收入的渠道拓展等；其次，转移性收入也是低收入群体重要的收入来源，因此也可考虑调整对我国高、中、低收入群体获得的转移支付的水平，降低对高、中群体的转移支付水平，提高低收入群体的转移性收入。

2. 调整职业结构

从国外的中产阶层的构成来看，我国要扩大中等收入群体，需要推动社会职业结构的调整，实现以白领为主体的职业结构。这一目标需要

---

① 宋建：《中国中等收入阶层比例变化及扩大措施》，载《山东大学学报》，2015 年第 2 期，第 91 ~92 页。

在我国产业政策发展相符的条件下，才能实现。因此，在城市，我国应大力发展第三产业，要加快小微企业的发展；在农村，要尽快进行产业结构调整，推动农民生产经营方式的调整和向新型职业农民转型，加强对农民的职业技能培训，提高有潜力的农民转型为技术工人的可能性，在政策上鼓励和支持乡镇私营企业和农村服务业的发展。

3. 优化高等教育

中等收入群体多从事技术或管理工作，既是先进技术知识的承接和运用者，往往也是先进知识技术的传播及更新者。因此，中国“扩中”必须通过发展教育来培育中等收入群体形成的土壤，通过培养劳动者的素质，增加其获得更好收入水平、成为中等收入者的可能性。因此，政府应增加对教育的公共投入；调整教育结构，形成合理的教育层次和类型，实现教育资源的合理分配，鼓励社会成员进行人力资本投资；实施高等教育支持政策，打破高等教育的地缘分割，完善大学生奖学金、助学金和助学贷款制度，推动高校转型升级、优化学科和专业结构，提高高校毕业生实践能力和创新创造意识，可考虑尝试宽进严出的培养制度，保障人力资本投资的回报水平。

4. 健全社会流动机制

社会的流动渠道越通畅，中、低阶层社会成员越有努力向上流动的积极性，越有利于社会结构的优化。基于转型期特殊的体制和制度背景，从引导保障、地位实现、渠道疏导和利益协调等方面进行优化，推动社会流动机制更加公正、合理、开放，培育和壮大中等收入群体。具体包括建立自由、合理、有序的劳动力流动渠道和劳动力市场机制；消除阻碍劳动力流动的各种因素，消除不合理的市场分割现象，提高职业流动性。

5. “扩中”的同时注意“稳中”

客观来说，扩大中等收入群体需要政府与社会成员的共同努力，形成多元合力。在共享发展理念下，在“扩中”的同时，对于已经是中等收入群体的社会成员，政府应该以“稳中”为主，形成常态化的中等收入群体。由于我国中等收入群体的主要收入来源依然是工资收入，虽然工薪在居民收入中的占比出现了下降趋势，但继续提高劳动者的工薪收入水平依然是稳定现有中等收入群体的重要措施，也是最终不断提高中等收入群体比例的必要之举。这需要政府从立法层面上保证职工劳动报酬的稳步增长，并建立机制保护中等收入群体的财产存量。

参考文献

[1] Romer P M, Increasing Returns and Long – Run Growth, Journal of Political Economy, 1986 (94): 1002 – 1037.

[2] Wolfson M C, Divergent Inequalities: Theory and Empirical Results, Review of Income and Wealth, 1997 (4): 401 – 421.

[3] Duclos J Y, Esteban J and Ray D, Polarization: Concepts, Measurement, Estimation. Econometrica, 2004, 72 (6): 1737 – 1772.

[4] Esteban J M, Gradín C and Ray D, An Extension of a Measure of Polarization, With an Application to the Income Distribution of Five OECD Countries, Journal of Economic Inequality, 2007, 5 (1): 1 – 19.

[5] Wang Chen & Guanghua Wan, Income Polarization in China: Trends and Changes, China Economic Review, 2015 (36): 58 – 72.

[6] Lee Y, Shin D, Income Polarization and Crime: A Generalized Index and Evidence from Panel Data, Social Science Electronic Publishing, 2011 (20): 1 – 30.

[7] Yijiang Zou, Weibing Deng, Wei Li, et al, An agent-based interaction model for Chinese personal income distribution, Physica A: Statistical Mechanics and its Applications, 2015 (436): 933 – 942.

[8] Galoro, Moav O, From Physical to Human Capital Accumulation: Inequality in the Process of Development, Discussion Paper no. 2307, London: CEPR, 1999: 120 – 135.

[9] Y. Durham, J. Hirshleifer, V. L. Smith, Do the Rich Get Richer and

the Poor Poorer, 1998: 22 - 37.

[10] Perotti R, Political Equilibrium, Income Distribution, and Growth, Review of Economic Studies, 1993 (60): 755 - 776.

[11] Clarke G, More evidence on income distribution and growth, Journal of Development Economics, 1995, 47 (2): 403 - 427.

[12] Alesina A, Rodrik D, Distributive Politics and Economic Growth. Quarterly Journal of Economics, 1994 (109): 465 - 490.

[13] Forbes K, A Reassessment of the Relationship Between Inequality and Growth. American Economic Review, 2000, 90 (4): 869 - 887.

[14] Persson T, Tabellini G, Is Inequality Harmful for Growth: Theory and Evidence [J] . American Economic Review, 1994 (48): 600 - 621.

[15] Li H, Zou H, Income inequality is harmful for growth: theory and evidence [J] . Review of Development Economics2, 1998 (18): 318 - 334.

[16] Galor O, Zeira J, Income Distribution and Macroeconomics, Review of Economic Studies, 1993 (60): 35 - 52.

[17] Lerman, R. I, How Do Income Sources Affect Income Inequality? Handbook on Income Inequality Measurement, 1999: 341 - 362.

[18] Bruno M, Ravallion M, Squire L, Equity and growth in developing countries: old and new perspectives on the policy issue, Policy Research Working Paper no. 1518. NY: World Bank, 1995: 160 - 183.

[19] Ren Bi-yun, Readjusting the Relationship between Efficiency and Fairness from the Light of Enlarging Gap in the Residents' Income, The Theory and Practice of Finance and Economics, 2004, 25 (127): 13 - 17.

[20] Alesina A, Perotti R, Income distribution, political instability, and investment, European Economic Review, 1996, 40 (6): 1203 - 1228.

[21] 亚当·斯密著，郭大力等译：《国富论》，中文版，上海三联书店1972年版，第50~67页。

[22] 威廉·配第：《赋税论》，载《配第经济著作选集》，商务印

书馆1981年版，第88页。

［23］凯恩斯著，徐毓枏译：《就业、利息与货币通论》，译林出版社2009年版，第39~43页。

［24］约瑟夫E. 斯蒂格利茨著，张子源译：《不平等的代价》，机械工业出版社2013年版，第27~45页。

［25］阿比吉特·班纳吉、埃斯特·迪弗洛著，景芳译：《贫穷的本质》，中信出版社2013年版，第8~12页。

［26］哈罗德·R. 克博著，蒋超等译：《社会分层与不平等：历史、比较、全球视角下的阶级冲突》，上海人民出版社2012年版，第50~51页。

［27］戴安娜·M. 迪尼托著，何敬等译：《社会福利：政治与公共政策》，中国人民大学出版社2007年版，第110~168页。

［28］蔡昉、万广华主编：《中国转轨时期收入差距与贫困》，科学文献出版社2006年版，12~13页。

［29］张晓芳：《我国居民收入两极分化的特征及影响分析——基于EGR指数的研究》，载《云南财经大学学报》，2017年第5期，第83页。

［30］龙莹：《中国中等收入群体规模动态变迁与收入两极分化：统计描述与测算》，载《财贸研究》，2012年第2期，第92~99页。

［31］李实、赵人伟、张平：《中国经济转型与收入分配变动》，载《经济研究》，1998年第4期，第42页。

［32］宋晓梧、高书生：《对当前城镇居民贫富状况的思考》，载《经济学家》，2000年第3期，第56页。

［33］洪兴建、李金昌：《两极分化测度方法述评与中国居民收入两极分化》，载《经济研究》，2007年第11期，第151页。

［34］俞彤晖：《中国城乡收入两极分化与区域经济增长关系研究》，载《经济经纬》，2016年第1期，第19~24页。

［35］陈宗胜、周云波：《非法非正常收入对居民收入差别的影响及其经济学解释》，载《经济研究》，2001年第4期，第19页。

［36］吴忠民：《“贫富差距现状总体合理”判断有误》，载《中国

经济时报》, 2003－03－28。

［37］马从辉:《如何看待我国的收入分配差距》, 载《经济研究参考》, 2002年第27期, 第39～40页。

［38］江泽民:《全面建设小康社会, 开创中国特色社会主义事业新局面》, 北京, 新华社2002年11月8日电。

［39］胡锦涛:《高举中国特色社会主义伟大旗帜, 为夺取全面建设小康社会新胜利而奋斗》, 北京, 新华社2007年10月16日电。

［40］金重:《“中国的基尼系数”谁说了算?》, 载《中国信息报》, 2006－04－14。

［41］庄健:《中国居民收入差距的国际比较与政策建议》, 载《宏观经济研究》, 2007年第2期, 第39～36页。

［42］约翰·奈特、李实、赵人伟:《中国城镇工资和收入差异的区域分析》, 载赵人伟、李实、卡尔·李思勤主编:《中国居民收入分配再研究》, 中国财政经济出版社1999年版, 第255～256页。

［43］田卫民:《省域居民收入基尼系数测算及其变动趋势分析》, 载《经济科学》, 2012年第2期, 第56～58页。

［44］梁运文、霍震、刘凯:《中国城乡居民财产分布的实证研究》, 载《经济研究》, 2010年第10期, 第37页。

［45］赵人伟:《中国居民财产分布研究》, 载《中国经济时报》, 2005－04－25。

［46］胡日东、王卓:《收入分配差距、消费需求与转移支付的实证研究》, 载《数量经济技术研究》, 2002年第4期, 第31页。

［47］美世人力资源咨询公司:《2006年中国整体薪酬调研报告》, 载《美世人力资源咨询网》(http://cn.mercer.com/), 2007年1月8日。

［48］胡鞍钢:《腐败与社会不公——中国90年代后半期腐败经济损失的初步估计与分析》, 载《江苏社会科学》, 2001年第3期, 第52页。

［49］李强:《中国的贫富差距与市场转型》, 载《中国特色社会主义研究》, 1999年第6期, 第38页。

[50] 万兴亚、王俊秀、李丽：《十一五规划，从先富向共富转弯》，载《中国青年报》，2005-10-25。

[51] 过勇、胡鞍钢：《行政垄断、寻租与腐败——转型经济的腐败机理分析》，经济社会体制比较，2003年第2期，第63~65页。

[52] 陈宗胜、周云波：《非法非正常收入对居民收入差别的影响及其经济学解释》，载《经济研究》，2001年第4期，第18~19页。

[53] 冯飞：《解读新中国的工业化进程道路》，载《中国经济时报》，2003-03-20。

[54] 江永红、段若鹏：《工业化、市场化与城乡收入差距研究》，载《中共中央党校学报》，2007年第2期，第56页。

[55] 迟明霞：《最终消费率较10年前下降10%：做大消费越做越难》，载《中华工商时报》，2007-01-10。

[56] 聂晶、文婧：《苏宁：金融调控直面经济结构性矛盾》，载《经济参考报》，2006-11-24。

[57] 虞杭：《"十一五"中国经济聚焦消费拉动》，载《体制改革》，2006年第1期，第10~11页。

[58] 劳动和社会保障部：《我国居民收入存在六方面差距（图表）》，载《新华网》（http：//news. xinhuanet. com/），2005年6月17日。

[59] 商务部市场运行司：《2007年下半年全国600种主要消费品供求状况调查分析》，载《中华人民共和国商务部网站》（http：//www. mofcom. gov. cn/），2007年9月19日。

[60] 陈明山、何希泉：《中亚地区目前形势即发展前景》，载《现代国际关系》，1997年第2期，第25页。

[61] 王国英、孙壮志：《乌兹别克斯坦的经济体制改革》，载《东欧中亚市场研究》，2002年第2期，第34页。

[62] 李景阳著：《基本经济制度转变中的社会冲突——对俄罗斯的实证分析》，东方出版社2002年版，第12~13页。

[63] 世界银行编：《世界发展报告》，中文版，清华大学出版社

2006 版，第 277 ~ 289 页。

[64] 赵常庆编著：《“列国志”丛书·哈萨克斯坦卷》，社会科学文献出版社 2004 版，第 171 页。

[65] 驻胡志明市总领馆经商室：《越媒称越南贫困率降至 5.97%》，载《中华人民共和国驻胡志明市总领事馆经济商务室网站》（http：//hochiminh.mofcom.gov.cn/article/ztdy/201509/20150901123209.shtml），2015 - 09 - 26。

[66] 驻蒙古国经商参处：《2016 年蒙古国民经济运行整体情况》，载《中国驻蒙古国大使馆经济商务参赞处网站》（http：//mn.mofcom.gov.cn/index.shtml），2017 - 01 - 26。

[67] 王嘎：《试论中亚五国经济转轨过程中的社会结构分化》，载《俄罗斯中亚东欧研究》，2004 年第 6 期，第 68 页。

[68] 许宝友：《转型时期的越南执政党建设：特点、挑战与应对》，载《科学社会主义》，2001 年第 6 期，第 69 页。

[69] 唐展风：《越南政治改革的动力分析》，载《云南行政学院学报》，2012 年第 6 期，第 41 页。

[70] 王永兴：《转型期俄罗斯收入分配演进研究》，载《俄罗斯中亚东欧研究》，2006 年第 2 期，第 17 页。

[71] 曾国安、郑美琴：《中国与其他经济转轨国家居民收入差距变化的比较》，载《当代经济研究》，2002 年第 2 期，第 32 页。

[72] 李建新等：《中国民生发展报告 2015》，北京大学出版社 2015 年版，第 6 页。

[73] 中华人民共和国商务部：《2016 年全球 46% 奢侈品消费来自中国》，载《中华人民共和国商务部》官方网站（http：//ltfzs.mofcom.gov.cn/article/diaocb/hydt/201703/20170302537269.shtml）

[74] 宋建：《中国中等收入阶层比例变化及扩大措施》，载《山东大学学报》，2015 年第 2 期，第 91 ~ 92 页。

[75] 中国国家统计局编：《中国统计年鉴》（1979 ~ 2017），中国统计出版社 1979 ~ 2017 年版。